DARSHO M. WILLING

Schokoladen-Orakel

Darsho M. Willing

# Schokoladen-Orakel

44 Karten
mit Anleitungsbuch

DARSHO M. WILLING
Schokoladen-Orakel

Allegria

Allegria ist ein Verlag der Ullstein Buchverlage GmbH
Herausgeber: Michael Görden

ISBN: 978-3-7934-2222-8


Umschlaggestaltung: Torge Niemann
Umschlagillustration: Darsho M. Willing
Satz: Torge Niemann
Druck und Bindearbeiten:
bookPlus International Ltd., Hong Kong
Printed in China

# Inhalt

# Einleitung

Kennen Sie diese Augenblicke, in denen Sie zum richtigen Zeitpunkt, am richtigen Ort, mit den richtigen Menschen zusammentreffen und dann etwas ganz Magisches für Sie geschieht?! Genauso kam es, als ich eines Morgens nach einem Sommerfest meines Verlages in der Caféteria glücklich das vom Abend zuvor übrig gebliebene, köstliche Schokoladeneis löffelte. Denn Schokolade gehört einfach zu meinem privaten Vergnügen. Gegenüber von mir, ebenfalls Schokoladeneis löffelnd, hatte sich eine mir unbekannte Dame des Verlages – ebenso wie ich offensichtlich eine Schokoladenliebhaberin – zu meinem Herausgeber gesellt. Zufrieden stellte sie ihren leeren Becher weg, ganz im Bann der sinnlich-geheimnisvollen Rezeptur von diesem köstlichen Eis stehend; und sagte mit dem aufblitzenden Licht der Gewissheit um die Magie der Schokolade in ihren Augen: »Herr Görden, Sie sollten unbedingt ein Schokoladenorakel herausgeben!« Mich berührte dies nicht sonderlich, denn ich entspannte gerade im warmen, weichen Schokoladenhimmel. Es war diese Art von Eis, die mit echter flüssiger Schokolade bereitet wird und sich sanft, wohlig schwer und geheimnisvoll dunkel in den Tiefen meines Magens ausbreitete und mich in dieses köstliche Gefühl von Wohlbefinden versetzte. Und genau in *diesem* Moment kam die Botschaft bei mir an. *Ich* war gemeint! So geschah es also, dass die Götter der Schokoladenhimmel diese Aufgabe in meine Hände legten.

Als Kind genoss ich es immer sehr mit meiner Mutter in ihrer Heimatstadt Hamburg in die kleinen Süßwarenläden zu gehen, wenn wir auf Besuch waren und eine kleine Aufmerksamkeit für jemanden suchten, den wir dort treffen würden. In Köln, wo wir wohnten, gab es damals in den 50er Jahren solche Läden noch gar nicht.

Besonders ein Laden blieb mir in Erinnerung. Alle Schokoladen waren dort so wunderschön dekoriert und herrlich anzusehen. Selbst wenn wir an diesem Laden nur vorbeigingen, schaute ich immer sehnsüchtig durch das hellerleuchtete Schaufenster hinein. Es ging etwas Liebevolles und Besonderes von diesem Laden aus, der nur Süßes beherbergte, und den man auch nur mit einem speziellen Herzensanliegen betreten wollte. Wie beschenkt und glücklich ich mich fühlte, wenn ich mir dort etwas aussuchen durfte! Stets war es für mich ein kleiner elterlicher Liebesbeweis.

Meine Absicht und mein Wunsch sind es, Sie mit diesem Schokoladen-Orakel auf eine Reise in meine Welt von Schokolade mitzunehmen. Dieses Karten-Orakel soll Sie verführen. Es soll Sie dazu verführen, Neues auszuprobieren – vielleicht Ihren Blickwinkel zu ändern, vielleicht sogar, etwas zu riskieren.

Selbstverständlich werde ich Sie auch mit wichtigen Informationen und vielen Genusstipps versorgen. Die Auswahl der Schokoladenkreation im Laden oder in der Chocolaterie, das Fühlen und das Sehen bei der Auswahl, die Vorfreude auf den Genuss – bis hin zu dem Moment, in dem ein wundervolles Arrangement auf dem Tisch steht und das Schmecken und Genießen dran ist, empfinde ich als unglaublich nährend.

Inspiriert von der Sehnsucht nach Lebensqualität, nach Innehalten und nach dem, was uns wirklich nährt, werden Sie staunen, wie viel Freude es macht und wie gut es der Seele tut, der Schokolade wieder den ihr gebührenden Platz in unserem und im Leben unserer Liebsten einzuräumen.

Wichtig ist einzig und allein, dass Sie sich trauen, gewohnte Pfade zu verlassen und aus purer Freude an der Schokolade zu experimentieren.

Erlauben Sie sich einfach zu spielen.

Schon Vianne Rocher verzauberte in dem weltberühmten Film »Chocolat« die Menschen mit ihren selbstgemachten Pralinés und Schokoladenkreationen sowie ihrem wissenden Blick: »Ich kenne Ihre Lieblingssorte.«

Der Genuss von Schokolade zeigt eben etwas von Ihrem Wesen! Schokolade berührt Ihre Geheimnisse und innersten Gedanken. Ein kurzer Blick in Ihr Herz erfasst genau das, was Sie brauchen!

Bringen Sie ein von Sinnlichkeit, Genuss und Liebe verzaubertes Drama in Ihr Dasein, indem Sie das Erleben von kleinen Schokoladen-Abenteuern zu Ihrer neuen Gewohnheit machen! Wählen Sie eine Karte. Finden Sie heraus, was Ihr Leben süßer und glücklicher machen könnte. In diesem Orakel finden Sie eine Fülle inspirierender Anlässe, mit Schokolade ein Stück Lebensqualität zurückzugewinnen.

Mit jeder Karte erhalten Sie die Anregung für einen spezifischen neuen Schokoladengenuss, der Ihren Gaumen kitzelt, Ihre Lust auf mehr erweckt und Ihnen hilft, das Richtige finden. Jeden Tag ein anderer, ganz nach Ihrer täglichen süßen Lust.

# Es gibt eben verschiedene Schokoladen für verschiedene Momente

Fasziniert Schokolade nicht jeden Menschen, ganz gleich zu welcher Gelegenheit, an welchem Ort, und zu welcher Zeit?! Für jeden gibt es das Praliné oder *die* Schokoladenkreation, die am besten seiner Persönlichkeit entspricht. Schokolade bringt einfach den Zauber eines jeden Menschen hervor. Jeder hat seine eigenen Geheimnisse und Träume, seine ehrgeizigen Pläne und verborgenen Zweifel, seine vergessenen Leidenschaften und unausgesprochenen Wünsche …

Die Karten können Ihnen sagen, was Sie brauchen, sie können sagen, wie Sie durch eine bestimmte Schokoladenkreation ein wenig mehr Zauber in Ihren Alltag bringen, können Sie zum Lachen bringen, und Ihnen das Glück zeigen.

Vielleicht ist es auch nur, dass Sie dringend ein bisschen Inspiration nötig haben. Denn Zeit für Schokolade bleibt immer. Sie wird auf sinnliche Weise wieder Ihre Leidenschaft wecken; und – Schokolade kann Geschmacksknospen zum Vibrieren bringen, die bisher noch nie aktiviert wurden!

Seien Sie also darauf gefasst, dass Sie sich mit diesem Kartendeck sowohl in sich selbst als auch in viele verschiedene Schokoladenkreationen verlieben werden. Verwöhnen Sie sich! Seien Sie wach für Ihre verborgenen Wünsche und Sehnsüchte. Freuen Sie sich jeden Tag am Genuss von Schokolade, und lassen Sie jeden Tag zu einem besonderen, sinnlichen Erlebnis werden.

Ich habe entdeckt: Wenn Sie Ihr Interesse an Schokolade erkunden, werden Sie für sich selbst interessanter. Und oft haben wir vergessen, wie man spielt und genießt.

## Der Reiz der Schokolade

Wissen Sie, warum man zu Schokolade kaum »nein« sagen kann? Wie ist das mit Ihnen? Wann haben Sie sich das letzte Mal dieses herrliche Genussmittel gegönnt? Und wie haben Sie sich dabei gefühlt? Großartig ... oder schuldig?

Wann haben Sie Lust auf Schokolade? Insbesondere nach einem schweren Arbeitstag, nach einem Streit mit dem Partner oder einer

Freundin oder einfach, wenn Sie sich niedergeschlagen fühlen? Schokolade kann der Teil des Lebens sein, der Ihnen Schönheit, Energie und größere Lebensfreude schenkt! Schokolade kann dazu beitragen, dass Sie Ihr Leben einfach mehr auskosten.

Schokolade verbessert Ihre Stimmung. Und dazu wird auch dieses Orakel für Sie und Ihre Liebsten, Freunde und Verwandten beitragen.

Über die Jahrtausende entstanden weltweit unzählige Rezepte und Spezialitäten auf Schokoladenbasis. Wie nur wenige Dinge auf der Welt hat Schokolade die Fähigkeit, auch die bitterste Stimmung zu versüßen, besänftigend die Seele zu berühren und nur Schokolade kann die größten Pessimisten wachklopfen und in wahre Optimisten verwandeln.

## Historie

Schokolade wird aus Kakaobohnen hergestellt. Die außergewöhnlich schönen Kakaobäume sind in den üppigen Dschungeln Zentral- und Südamerikas zu finden. Sie liegen alle in den warmen, tropischen Regionen des Äquators.

Die mandelförmigen, ca. 25 Zentimeter großen Kakaofrüchte, die die wertvollen Kakaobohnen enthalten, reifen unter dem natürlichen Dach der großen Regenwaldbäume. Zur Erntezeit leuchten sie in allen Farbschattierungen.

Die Pflanze wurde ab etwa 1100 v. Chr. genutzt. In der Blütezeit der Kultur der Maya (300 – 900 n. Chr.) war Kakao Sinnbild des Lebens. Die Mayas zelebrierten Kakao als Göttergabe. So gab der schwedische Botaniker Carl von Linné der Gattung des Kakaobaumes später den Namen *Theobroma cacao*, die »Speise der Götter«. Sie machten aus dem Pulver der Kakaobohnen zusammen mit Maismehl ein wohlschmeckendes Getränk, schlugen es schaumig auf und würzten es mit Chili. Es war scharf, bitter, herb, alles andere als süß und wurde als belebendes Getränk zu ihren Zeremonien und religiösen Feiern getrunken.

Die Azteken übernahmen eine reiche Schokoladenkultur als sie Ende des 14. Jhd. immer größere Teile Mexikos eroberten. Sie nannten das Getränk »Xocoatl«. Daraus leiteten die spanischen Eroberer im 16. Jhd. dann das Wort »chocolatl« ab.

Der Aztekenherrscher Montezuma sagte, dieser göttliche Trank baue die Widerstandskraft auf und bekämpfe die Müdigkeit. Er behauptete, eine Tasse Xocoatl erlaube jedem Mann, einen ganzen Tag zu marschieren, ohne etwas essen zu müssen. Deshalb gab er auch stets seinen Kriegern den stärkenden Energietrunk.

Bei Hochzeitsfeiern wurde Xocoatl als Aphrodisiakum gereicht. Seit uralter Zeit wird Schokolade also mit Vergnügen, Leidenschaft, Energie und sogar mit größerer sexueller Kraft in Verbindung gebracht.

Die Mayas und Azteken gebrauchten die Kakaobohnen im alten Mexiko sogar als Zahlungsmittel und überreichten sie bei wichtigen Zeremonien als Geschenke.

Der Kakaobohne schrieb man magische Kräfte zu.

Die Maya glaubten, Kakao hätte die Macht, verborgene Sehnsüchte freizusetzen – und Schicksale zu offenbaren.

Kakao kam ursprünglich als Getränk nach Europa. Columbus und Hernán Cortèz überreichten dem spanischen König zwischen 1502 und 1528 die Bohnen als Geschenk. Die Spanier fügten Zucker und Gewürze hinzu: Zimt, Muskat, Anis, Chili, Ingwer und vor allem Pfeffer. Dann erhitzten sie das Gebräu, um den

Geschmack zu verbessern. Da die Spanier von den Azteken um die aphrodisierenden und kräftestärkenden Wirkungen des Kakao wussten, wurde in Spanien zum einfacheren Verzehr aus der Kakaobohne statt eines Getränks eine feste Masse gefertigt. So entstanden die ersten Trüffel. Die erste Chocolaterie der Alten Welt war somit in Madrid. Über das Königshaus in Spanien fand der Kakao innerhalb weniger Jahrzehnte als Modegetränk seine Wege in alle Königshäuser Europas und hielt Einzug in die feinere Gesellschaft. Er wurde zum exotischen und dekadenten Getränk des Adels. In dieser Zeit erreichte die Schokolade auch Deutschland, wo sie lange Zeit nur als Medizin grammweise in Apotheken verkauft wurde und mit ihrer kräftigenden, magenfreundlichen und aphrodisierenden Wirkung, ein »tugendreines Stärkungsmittel« darstellte. In London gab es bereits ab Mitte des 17. Jahrhunderts zahlreiche »Chocolate Houses« für jene, die es sich leisten konnten, Schokolade zu genießen. Und im Jahr 1673 gab es die erste Kaffeestube in Bremen, in der Schokolade zum Genuss angeboten wurde. Damals war es nur dem Adel und den reichen Kaufleuten vergönnt, dieses köstliche Produkt zu genießen. Erst im industriellen Zeitalter wurde es möglich, dass 1756 die erste deutsche Schokoladenfabrik entstand, welche Schokolade auch für Bürger erschwinglich machte. So trat die Schokolade dann in Form der Tafelschokolade ihren Siegeszug durch alle Bevölkerungsschichten an. 1875 hatte der Schweizer Daniel Peter dann die Idee, der Kakaomasse Milch beizumengen. Damit kam die erste Milchschokolade auf den Markt, die auf der Weltausstellung 1878 in Paris ein großer Publikumserfolg wurde. Der Schweizer R. Lindt erfand kurz darauf (1879) schließlich das »Conchieren«. Damit wurde es möglich, Schokoladentafeln von unvergleichlich seidigem Schmelz herzustellen. Die Verwendung von Vanille reicht bis in die Tage der Azteken zurück, die diesen Pflanzenextrakt ebenfalls ihrem Schokotrunk beifügten. Und bis heute wird Schokolade vor dem Trinken schaumig gequirlt, so wie es schon die alten Azteken taten.

Längst gehören Chocolaterien, Cafés, Confiserien und Schoko-Läden zu unserer modernen Zeit und dem Lebensstil unserer reichen westlichen Welt.

# Glücksgefühle

Beim Verzehr von Schokolade werden Endorphine angeregt. Sie üben eine stimulierende Wirkung auf das Gehirn aus, heben die Stimmung, wecken positive Energie – und Gefühle, die von Freude bis hin zu Euphorie reichen können. Endorphine regen das Lustempfinden an und wirken aphrodisierend!

Das erklärt, warum hauptsächlich Frauen behaupten, Schokolade sei befriedigender als Sex. Wenn wir verliebt sind, setzt unser Gehirn bestimmte chemische Stoffe frei, die für unsere Gefühle und für Hochstimmung verantwortlich sind. Wissenschaftler haben jetzt entdeckt, dass Schokolade genau diese chemischen Stoffe enthält, was die angenehmen Empfindungen, die wir beim Genuss von Schokolade wahrnehmen, als tatsächlich real bestätigt. Kein Wunder, dass Schokolade immer eng mit Liebe und nahen Freundschaften in Verbindung gebracht wird. Das vom Hirngewebe produzierte Endorphin wird über das zentrale Nervensystem im ganzen Körper verteilt. Werden nicht genügend Endorphine im Gehirn produziert, werden wir depressiv.

Bei Liebeskummer tröstet es nicht nur, Schokolade zu essen, sondern es wirkt tatsächlich wie ein Medikament gegen den Seelenschmerz. Die Dosis der Glücklichmacher in der Schokolade reicht aus, um den Genießer ausgeglichener zu machen und das Wohlgefühl spürbar zu steigern. Besonders geeignet zur »Behandlung« von Liebeskummer ist dunkle Schokolade, weil deren Kakaoanteil sehr hoch ist. Man braucht also nur eine kleinere Menge davon, um sich wohler zu fühlen.

Dank Schokolade wird es Ihnen auch häufig besser gehen, wenn Sie sich niedergeschlagen oder verwirrt fühlen. Eigentlich ist alles, was Sie brauchen, Liebe. Aber ein bisschen Schokolade dann und wann schadet auch nicht.

## Schokolade ist gut gegen Stress

Die durch Schokoladengenuss angeregten Endorphine wirken auf das zentrale Nervensystem, und lassen Sie wacher und gelassener durchs Leben gehen. Ihre Energie, zugleich auch Ihre geistige Wachsamkeit wird erhöht, und Sie werden empfindsamer.

Bereits der Geruch von Schokolade verlangsamt die Gehirnwellen und Sie fühlen sich dadurch ruhiger und erleben das angenehme Gefühl von wachsamer Entspannung.

Schokolade gehört auch zu den begehrtesten Nahrungsmitteln beim Lernen. Der flavonolreiche Kakao verbessert Ihre Gedächtnis- und Aufmerksamkeitsleistung.

Ebenso dient Schokolade als Kraftspender bei Kälte und Anstrengung und liefert schnelle Energie auf langen, anstrengenden Wanderungen. Das erklärt auch die meisten Schokoladengelüste, denn sie treten ja erfahrungsgemäß am späten Nachmittag oder am frühen Abend auf!

## Schokolade und Gewissen

Denken Sie an Schokolade und sagen sofort: »Oh nein! Die macht doch dick! Ich würde ja gern, aber nein!« Ihr Gewissen stählt sich gegen die Verlockung und meldet: »Nein, ich darf nicht nachgeben! Ich darf das nicht essen!« Kennen

Sie das? Hat man Ihnen irgendwann erzählt, dass Schokolade dick macht?

Die Zeitschriften sind voll von Artikeln über Gewichtsverlust und mit Bildern von perfekten Körpern. Unglücklicherweise trägt das zu unseren Ängsten bei, wenn wir das Verlangen spüren, einmal richtig leckere Schokolade zu genießen.

Welche Haltung sollten Sie also gegenüber der Schokolade einnehmen? Fassen Sie einen Entschluss. Warum wollen Sie sich weiter quälen?

Erkennen Sie Schokolade als Bereicherung in Ihrem Leben an, haben Sie Spaß mit ihr, und ergreifen Sie die Chance! Finden Sie mit Schokolade zu einem ganz neuen Lebensgefühl. Schokolade ist ein Geschenk der Götter, Schokolade ist Energie, gibt Lebenskraft, lässt Sie mit sich im Einklang sein.

In Maßen genossen ist jede Schokolade ein ganz besonderes Genusserlebnis, das Sie sich gönnen und zelebrieren sollten. In diesem Büchlein finden Sie viele kleine, wertvolle Genusstipps!

# Wählen Sie Ihre Schokolade sorgfältig aus

Eine große geschmackliche Differenzierung der Kakaobohnen, aus denen Schokolade hergestellt wird, ergibt sich zum einen aus den Klimazonen und Anbaugebieten, ebenso wie aus den Pflanzenarten. Bei den sogenannten Edelkakaos, aus denen die Edelschokoladen hergestellt werden, unterscheidet man drei Hauptsorten: Criollo (ist sehr selten), Trinitario und den Forastero (die weitverbreitetste Pflanze), der ca. 90 % der weltweiten Ernte ausmacht. Diese wiederum umfassen weitere Untersorten. Es werden aber auch verschiedene Kakaosorten miteinander vermischt und zu den verschiedensten Schokoladenkreationen verarbeitet. Wie beim Wein sorgen die verschiedenen Bohnensorten für unterschiedliche Geschmackserlebnisse. Das Klima, der Boden und die Herkunft des Kakaos tragen maßgeblich zum Aroma einer Schokolade bei.

»Chocolate cru« sind Plantagen- oder Lagenschokoladen, mit besonders fein ausgeprägten Aromen und großem Nuancenreichtum. Mit diesen exotischen »Edelschokoladen« sind

Köstlichkeiten entstanden, die auf der Zunge zergehen. Die Edelchocolatiers dieser Welt haben sich zur Aufgabe gestellt, den individuellen Besonderheiten der besten Kakaosorten der Welt in ihren Schokoladenkreationen gerecht zu werden. Diese Kunst gipfelt in einzigartigen »Grand Cru Schokoladen«, die allerdings, wie gute Weine, auch ihren Preis haben.

**Weiße Schokolade** wird aus Kakaobutter gewonnen. Sie enthält keinen Kakao, sondern nur die Kakaobutter, Zucker, Vanille und Milch.

**Milchschokolade** besteht aus Kakaopaste und -butter, Zucker, Vanille und Milch.

**Dunkle Schokolade** besteht ebenso aus Kakaopaste und -butter, jedoch wenig Zucker und sie enthält keine Milch. Sie hat einen Kakaoanteil bis zu 100 %.

Von vielen Schokoladengourmets werden heute biologisch angebaute Kakaobohnen bevorzugt. *Fair Trade* spielt ebenso bei den Biobohnen eine große Rolle, also der faire Handel mit Kakao und den Kleinbauern, die den Hauptteil des weltweit verbrauchten Kakaos ernten.

Schokolade ist sinnlich und regt die Fantasie an, das geht auch den Herstellern nicht anders. Sie bieten ein stetig wechselndes Sortiment an, das an die Strömungen der Zeit angepasst ist – und dem immerwährenden Wandel der Abwechslung.

Edel-, Bitter-, Milch- und weiße Schokoladen werden mit Nüssen, Frucht- oder Créme-Füllungen und natürlichen Gewürzen zu den köstlichsten Pralinen, Trüffeln und Tafelschokoladen verarbeitet.

**Handgefertigte Pralinen und Schokoladenkreationen:**

Hier wird jeder einzelne Handgriff mit äußerster Hingabe vollzogen. Das Rühren der flüssigen Schokolade per Hand kreiert einen Rhythmus und Zauber, wie bei einem von Hand gekneteten Kuchen. Und – handgemachte Schokolade schmeckt einfach ganz anders! So viel liebevolle Arbeit, so viel Kunstfertigkeit und Erfahrung für einen Genuss, der nur einen kurzen Augenblick lang währt, wissen nur wenige wirklich zu schätzen.

Die unterschiedlichen Pralinenformen stellen eine weitere Kunst dar. Pralinen besitzen eine ganz eigene Schönheit. Form und Aussehen der Pralinen und ihre Verzierungen werden mit hoher Kunstfertigkeit erschaffen. Auch die Verpackungen sind eine wahre Freude für das Auge! Die zahlreichen Muster, Farben und Materialien können viel Vergnügen bereiten und bereichern auf stilvolle Weise den Genuss der in ihnen enthaltenen Schokoladen.

## Schokoladengenuss

Lassen Sie Pralinen einige Augenblicke im Mund ruhen, dabei werden die primären Geschmacksnuancen und Aromen freigesetzt. Kauen Sie dann einige Male, um die Schokolade mit der Füllung zu mischen. Lassen Sie anschließend diese Mischung langsam im Mund zergehen, damit Sie die Bandbreite weiterer Geschmacksnuancen erfahren. Genießen Sie den Geschmack eine Weile im Mund, bevor Sie schlucken.

Schmecken Sie das Können heraus, das in Pralinés steckt!

Probieren Sie auch einmal besondere Paarungen aus, wie z. B. Schokolade und Wein, Schokolade und Kaffee, Schokolade und Tee. Hier ein paar Genusstipps. Sie finden mit Sicherheit Ihre Lieblingskombination.

# Schokolade und Wein

Ein spannendes Zusammenspiel. Bei Wein und Schokolade spielt die Ausgewogenheit von Süße und Säure eine wichtige Rolle. Wählen Sie betont säurearme, eher fruchtige Weißweine, z. B. einen gut gekühlten Weißburgunder zu Milchschokoladen. Je heller die Schokolade, desto süßer sollte der Wein dazu sein. Fruchtiger Rotwein mit Fülle, Wärme und Kraft passt gut zur Fruchtigkeit und Würze in Bitterschokolade, also Schokolade ab einem Kakaogehalt von 60% aufwärts.

Probieren Sie zuerst den Wein allein, und kosten Sie dann die Schokolade pur. Lassen Sie danach erst ein kleines Stückchen Schokolade im Mund anschmelzen, nehmen einen Schluck Wein dazu, und lassen Sie sich überraschen! Gleichzeitig wird ihr Gaumen schnell und individuell herausfinden, wer die Akzente setzt und wie sich dieses Miteinander köstlich vereint.

## Schokolade und Kaffee

Die herrlichen Röstaromen beider bringen Kakao und Kaffee wunderbar zueinander. Kaffee und Trinkschokolade als köstliches heißes Mischgetränk finden Sie überall in Europas guten Cafés auf der Getränkekarte. Und ein Praliné oder ein Stück Schokolade zum Espresso ist ein großer Genuss.

Besonders Cappuccino oder Café Latte schmecken wunderbar mit Vollmilchschokolade, weil der hohe Milchanteil beider so herrlich miteinander harmoniert.

## Schokolade und Tee

Schwarztee passt wunderbar zu dunkler Schokolade.

Auch Earl Grey mit dem ätherischen Öl der Bergamotte harmoniert sehr gut mit Bitterschokoladen und Zitrusfrüchten oder Ingwerstückchen, aber auch mit schokolierten kandierten Orangen. Ein Ceylon-Tee mit etwas Milch passt gut zu Schokoladensorten mit Karamell. Rauchig schmeckende Tees harmonieren mit edler, dunkler Schokolade.

Probieren Sie einfach aus, was Ihnen schmeckt. Sie werden sehen, wie schön es ist, den Moment bewusst zu genießen! Schokolade ist eben keine gewöhnliche Nascherei!

## Das Besondere der Schokolade

Ist nicht das Besondere an Schokolade, dass sie uns veranlasst, einen Augenblick innezuhalten, um ihn mit Liebe zu verschönern?

Mit Schokolade können wir jederzeit uns selbst, unserem Partner, unseren Liebsten und vielen anderen lieben Mitmenschen besondere Aufmerksamkeit zukommen lassen. Jemandem Schokolade oder Pralinen zu schenken, ist eine Möglichkeit, ihm zu zeigen, wie viel uns dieser Mensch bedeutet. Die Kunst besteht stets darin, einem anderen das Gefühl zu vermitteln, etwas ganz Besonderes zu sein.

Auch ein kleines Schokoladen-Dankeschön bringt immer ein Stück menschliche Wärme in einen sonst eher alltäglichen Tag.

Schokolade übermittelt in inspirierender Form Botschaften der Freude, der Liebe, der Zuneigung, der Liebkosung oder des Vergnügens. Schokolade ist wahrhaft eine Paradiesspeise. Automatisch schließen Sie die Augen und genießen diesen wundervollen Moment!

Sie suchen ein Geschenk für einen Geburtstag, Feiertag, Jahrestag, einen besonders romantischen Abend, für Ostern oder Weihnachten? Schenken Sie Schokolade!

Pralinen mit süßer Füllung befinden sich meist in herrlich verpackten Schachteln und bieten somit eine großartige Möglichkeit, zu einem besonderen Anlass freudige Gefühle hervorzurufen.

Schokolade ist vielseitig. Sie kann in vielen Situationen begleiten. Ganz besonders in dieser Zeit, in der Selbstbestimmtheit und Individualität an oberster Stelle stehen, ist es schön, sich auf diese spezielle Art umeinander zu kümmern.

# Der Geschlechter-unterschied

Die Beziehung zwischen Schokolade und Frauen scheint nicht dieselbe zu sein, wie zwischen Schokolade und Männern. Aber natürlich wissen Männer das Glück zu schätzen, welches diese Köstlichkeit ihren Partnerinnen beschert. Der romantische Abend einer Frau beinhaltet meist irgendwann auch die Schokolade. Deshalb: Pralinenschachteln gehören, neben einem Blumenstrauß, zu den traditionellen Verabredungsgeschenken und sind der absolut sichere Weg zum Herzen jeder Frau!

Daher sollten Männer ebenso viel Zeit mit der Auswahl eines Blumenstraußes verbringen, wie mit der Auswahl einer Pralinenschachtel!

Aber der moderne Mann hat sich längst emanzipiert, geht allein in die Chocolaterien und weiß, was er will – allerdings für sich selbst! Immerhin 15 Prozent der Männer und 40 Prozent der Frauen geben zu, starke Schokoladengelüste zu haben. Männer kaufen eher dunkle Schokoladen (der wahre, echte Geschmack, mehr Natur, weniger Zucker), Frauen dagegen kaufen gerne Nougat.

Finden Sie Ihre eigene Individualität, und die persönlichen Vorlieben Ihrer Partnerin oder Ihres Partners heraus! Schokolade ist der direkte Weg ins Herz des anderen.

## Lieblingsschokolade

Kennen Sie Ihre Lieblingsschokolade? Ihre Lieblingspralinen? Oder wechselt Ihre Vorliebe nicht doch auch – ganz so wie die vielen süßen, verrückten und manchmal bitteren Situationen Ihres Lebens – im Alltag und zu besonderen Gelegenheiten?!

Jeder hat doch irgendwie seine Favoriten. Aber was bedeutet es, wenn wir immer wieder die gleiche Schokoladensorte bevorzugen? Was zieht uns immer wieder zu dieser bestimmten Geschmacksrichtung?

Vielleicht wollen Sie sich ja auch einmal ganz neuen Sorten öffnen und diese kennenlernen? Mit diesen Karten können Sie genau das tun.

Finden Sie die entsprechende Karte zu Ihrer Lieblingssorte in diesem Orakel! Lesen Sie nach, was sie über Sie aussagt. Oder Ihre beste Freundin. Oder Ihren Ehemann.

# Wie nutze ich die Karten dieses Orakels

Nutzen Sie das Deck zu den üblichen Anlässen: Treffen Sie sich mit Freunden oder Familienmitgliedern und haben Sie einfach Spaß an einem gemeinsam gefeierten Geburtstag, Valentinstag, Ostern, Weihnachten oder Hochzeitstag. Lassen Sie jeden in der Runde eine Karte ziehen, geben Sie dieses Begleitbüchlein dann in der Runde weiter, und jeder liest den Text zu seiner gewählten Karte am besten laut vor! Das kann sehr witzig und zugleich enthüllend sein, wenn man sich kennt und durch die Karte das bestätigt findet, was derjenige gerade braucht!

Jede Praline ist eben eine kleine Persönlichkeit – die unserer eigenen Persönlichkeit begegnet.

Orakeln Sie mit Ihrem Partner oder einer Freundin, und finden Sie heraus, was jeder von Ihnen an schokoladigen und liebevollen Verwöhneinheiten im Moment braucht.

Lassen Sie Ihre beste Freundin aus den verdeckten (oder offenen) Karten wählen. («Diese Pralinés wünsch ich mir zum Geburtstag!«)

Oder orakeln Sie einfach für sich alleine.

Wenn Sie dieses Kartendeck benutzen, fächern Sie die Karten verdeckt vor sich aus. Wählen Sie einfach mit Ihrer linken Hand die Karte, zu der es Sie ganz von selbst hinzieht – Ihre erste Reaktion ist im Normalfall die Richtige. Es ist schön, wenn Sie dazu Ihre Augen schließen. Das ist nur ein Mittel, um die analytische linke Hälfte des Gehirns auszuschalten, während die kreative rechte Seite nach Hinweisen sucht. Sie können auch eine Frage stellen, zu der Sie dann eine Karte wählen, z. B. »Was brauche ich gerade am meisten?« oder »Was tut mir jetzt gut?« oder »Welche Pralinen schenke ich meiner Freundin zum Geburtstag?« oder »Was schenke ich mir selbst«?

Sehen Sie sich dann das Bild auf der Karte in Ruhe an. Was sagt es für Sie aus? Womit identifizieren Sie sich? Lesen Sie dann den Text. Eine klar vorgezeichnete Handlung steht Ihnen vor Augen – eine, die Sie machbar finden werden. Vielleicht entdecken Sie verborgene Facetten Ihrer Persönlichkeit. Nehmen Sie sich Zeit, um zu reflektieren.

Täglich verweisen die Karten Sie auf das, was das Nächstliegende ist, wenn Sie sich Zeit nehmen und mit innerem Abstand Kontakt zu

Ihrer/m sinnlichen AbenteurerIn aufnehmen.

Lernen Sie mit diesem Orakel die Schokoladenseite des Lebens kennen! Entdecken Sie immer wieder Neues. Unterschiedliche Schokoladenkreationen, Verwandlungen, Spielweisen.

Wenn das Leben schwierig wird, tauchen Sie es in Schokolade. Es ist genau dieser Augenblick, den Sie bewusst erleben und genießen können – und mit dieser einzigartigen Schokoladenkreation zelebrieren sollten!

»Und was ist mit den Schokoladensorten, die ich nicht mag?«, wird jetzt Ihre letzte Frage sein. »Wofür könnten die stehen?« Ich frage jetzt mal Sie: Sind die vielleicht ein Ausdruck für jene Dinge in Ihrem Leben, denen Sie sich nicht stellen mögen?

Aber vielleicht brauchen Sie diese Herausforderung auch gar nicht. Nur indem Sie Ihr Innerstes erforschen, finden Sie die Wahrheit heraus.

# Die Karten

# Akzeptanz

## FLORENTINER

Das ist ein ziemlich erwachsener Geschmack. Aber Sie sind überhaupt verblüffend erwachsen und selbstbewusst. Sie begegnen der Welt mit prüfenden Augen. Als würden Sie alles aus dem Sucher einer Kamera betrachten. Es scheint, als wollten Sie sich von der Außenwelt distanzieren, um auf dem winzigen Brennpunkt geistigen Scharfblicks die Wahrheit in der Wirklichkeit zu suchen. Das kann ganz schön anstrengend sein!

Überlegen Sie mal etwas ganz anderes – gibt es irgendeine Konstante in Ihrem Leben? Ein kleiner Ratschlag von mir: üben Sie »ja« zu Dingen zu sagen, die vielleicht schon seit langer Zeit für Sie da sind, ohne dass Sie sie bemerken oder besonders wertschätzen. Machen Sie sich diese Dinge jetzt bewusst. Bemerken Sie dabei, wie sehr Sie sich beschenkt fühlen können? Also, statt alles und jeden zu röntgen und dann zu be- oder verurteilen, sehen Sie lieber das Gute in allen Menschen und ebenso in sich selbst.

Machen Sie sich bewusst, dass jeder in Wahrheit nur glücklich sein will und sein/ihr Bestes tut. Schauen Sie die Dinge aus ihrem Herzen heraus an! Und akzeptieren Sie andere, so wie sie sind. Entwickeln Sie ein Verständnis, das jeder seinen eigenen Weg zu gehen hat. Und bemerken Sie die Einheit in der Vielfalt!

Entspannen Sie sich, und hören Sie auf zu kämpfen.

So, jetzt machen Sie es sich erstmal so richtig gemütlich, genehmigen sich ein paar Florentiner, und Ihr nächster Schritt wird Ihnen ganz mühelos enthüllt.

*Nun beißen Sie schon in diese mit Mandelblättchen bestreuten, süßen Taler aus Vollmilch-Schokolade und kandierten Früchten!*

WISSENSWERTES

Toskanische Zuckerbäcker haben das Rezept der Florentiner bereits in der Renaissance erfunden. Ursprünglich entstanden sie zum ersten Mal in der Gegend von Florenz.

# Belohne dich

MOCCA-PRALINÉ

Als Kaffeegenießer mögen Sie es ganz und gar nicht, wenn man Sie warten lässt, geschweige denn, wenn Sie sich irgendwo anstellen sollen. Sie wollen immer gleich alles auf einmal und warum auch nicht?

Sie lieben Latte Macchiato, Milch und Sahne. Er erhöht den Blutdruck, vermehrt Ihre Pulsfrequenz und übt diese angenehme Reizwirkung auf Sie aus, ein voller Genuss eben. Ihr Geist arbeitet sowieso am besten, wenn er geöffnet ist – und dabei hilft genau, ja richtig, der Kaffee!

Sie kennen das energetische Voranschreiten, den Zeitmangel. Sie werden unruhig, strahlen plötzlich nervöse Energie aus, und Reizbarkeit macht sich in Ihnen breit.

Wenn Sie wieder dieses Gefühl erwischt, der Last des Tages nicht gewachsen zu sein, exakt dann – gönnen Sie sich dieses Moccapraliné. Als Belohnung für frühes Aufstehen, harte Arbeit, Ungewissheit und der Angst vor den Herausforderungen des Alltags mit all seinen

Extremen – krönen Sie Ihren Tag mit dieser süßen Kleinigkeit. Kümmern Sie sich um sich selbst, und Sie werden feststellen, dass die Welt dann ebenfalls ihren Beitrag dazu leistet. An manchen Tagen brauchen Sie einfach ein kleines Etwas nur für sich, damit sie psychisch überleben und den Pep wiederkriegen.

Eine kleine Kaffeepause mit einem Moccapraliné ist da ideal. Ein kleiner anregender Reiz. Ihre Sinne werden wieder geschärft, besonders für die angenehmen Eindrücke. Ideenfülle stellt sich wieder ein, und schnell sind Sie wieder handlungsbereit.

*Während Sie Ihren Lieblingskaffee schlürfen, führen Sie winzige Bissen zum Mund. Genießen Sie diese Süßigkeit: die wilde Schokoladenhülle aus dunkler Schokolade und eine cremige Füllung mit dem Hauch frisch gemahlenen Kaffees zergehen auf der Zunge. Die Wärme, welche die Schokolade gibt, ist dabei weit merklicher und währt länger als die, die vom Kaffee kommt.*

# Beständigkeit

## SCHOKOMANDELN

Beständigkeit ist das Geheimnis von Gewinnern. Offenbar besitzen Sie die entsprechende Willenskraft und dazu die Fähigkeiten, das zu erreichen, was Ihnen wichtig ist. Jederzeit finden Sie Lösungen, die Ihre Entwicklung fördern, setzen Sie zügig um und lassen es in Ihrem Leben nicht an Selbstvertrauen fehlen.

Sie können sich eben immer gut durchbeißen.

Vorübergehende geistige und körperliche Schwächezustände überwinden Sie spielend mit Schokomandeln. Umhüllt mit Milch- oder Zartbitterschokolade sind Mandeln die beste Nervennahrung. Außerdem heben kleine Verwöhneinheiten Ihre Stimmung und geben Ihnen positive Energie.

Hier noch eine Empfehlung: Rechnen Sie nie mit Misserfolgen. Pflegen Sie immer das Gefühl, dass Ihnen etwas gelingen wird, und strengen Sie sich deswegen an. Nehmen Sie aber unbedingt auch mal die Hilfe anderer in Anspruch, selbst wenn Sie glauben, dass Sie es wieder mal alleine schaffen könnten. Ihnen öffnet sich im

Moment eine ganze Welt voller Möglichkeiten. Aber Achtung: Lassen Sie sich jetzt nicht so einfach zufriedenstellen. Menschen, die sich leicht zufriedenstellen lassen, bleiben klein. Ihre Freude ist klein, ihre Stille ist klein, ihr Wesen ist klein. Wenn Sie sich klein machen, beschneiden Sie sich selbst Ihre Freiheit und Ihre unbegrenzten Möglichkeiten. Engagieren Sie sich, zeigen Sie Ihre Kraft und Leidenschaft und wenn es sein muss, auch Krallen.

Hier! Nehmen Sie noch ein paar von den Schokomandeln – die geben Zuversicht und Mut. Sie können Situationen wieder richtig einschätzen. Müssen Sie Entscheidungen fällen, dann stellen Sie sich die Frage: »Was ist die richtige Handlung für diesen Moment?« Und bleiben Sie standfest. Höchstwahrscheinlich wird es dann besser ausgehen als alles, was Sie erwarten.

*Nehmen Sie eine Schokomandel, stecken Sie sie in den Mund, nur eine oder zwei, damit Sie sich besser konzentrieren können. Hier noch ein kleiner Tipp: mit Schokolade umhüllte Mandeln harmonieren wunderbar mit der ausgewogenen Milde südamerikanischer Kaffees.*

# Dein Potenzial

## MINZTALER

Minztaler sind etwas für echte Freiheitsliebhaber. Sie ziehen sich mal kurz ganz aus allem heraus und kehren mit kühlem Kopf wieder auf den Boden der Tatsachen zurück.

Minztaler verheißen Klarheit, ein wenig so, als würden Sie Türen und Fenster öffnen und alle schlechten Stimmungen, einschließlich damit verbundene körperliche Befindlichkeiten werden sanft weggepustet.

Immer dann, wenn Sie sich allzu sehr Ihren Emotionen ausgeliefert fühlen, Ängste verspüren oder Ihre Beherrschung verlieren, dann nehmen Sie einen Minztaler.

Minztaler neutralisieren, entspannen und sind so erfrischend! Nehmen Sie sich Freiheit! Niemand anderes wird sie Ihnen geben. Entspannen Sie und lassen Sie die Pfefferminze Ihre erfrischende und kühlende Wirkung tun. Machen Sie Ihr Selbstbestimmt-Sein zum Ausgangspunkt Ihrer eigenen Lebensgestaltung. Das führt Sie zu mutigen Schritten und schließlich zum Glück.

Seien Sie einfach einmal alles, was Sie sich vorstellen können. Lassen Sie frischen Wind durch Ihr Leben wehen! Geben Sie Ihrer unstillbaren Sehnsucht zur Gestaltung Ihres eigenen Lebens nach. Leben Sie Freiheit als Verantwortung. Gestalten Sie für sich und andere die Zukunft. Nicht wahr? Jetzt spüren Sie Heiterkeit und innere Klarheit. Bemerken Sie, Sie sind gerade über Ihren eigenen Schatten gesprungen!

Also keine Kurzschlusshandlungen, sondern erfrischend Neues, kühle Klarheit mit der entsprechenden Offenheit in Ihrem Herzen – und dann kann das für Sie noch Unbekannte geschehen.

*Wer sagt, dass ein ruhiger Abend nicht auch ein anregendes Ereignis sein kann? Frische Minztaler sind ein raffiniertes After-Dinner-Naschwerk oder ein charmantes Mitbringsel zur Cocktail-Party. Erfrischend zart-minzig und unvergleichlich gut.*

WISSENSWERTES

Die Pfeffer-Minze unter den Minzkräutern wurde im 17. Jahrhundert in England entdeckt.

# Echt ehrlich

STUDENTENFUTTER IN SCHOKOLADE

Sie leisten gute Arbeit, gehen Ihren Weg und hoffen, etwas Wichtiges und Gutes zu vollbringen. Außerdem wissen Sie um die Kräfte, die in Ihnen stecken – und setzen sich entschlossen für sich und andere ein.

Gelegentlich jedoch überkommt Sie einfach ein ganz menschliches Gefühl von Mutlosigkeit wegen der großen Anforderungen, denen Sie sich gegenübergestellt sehen. Sie brauchen einen inneren Anstoß.

Seien Sie bereit, das Abenteuer Ihres Lebens zu entdecken. Nehmen Sie Schwung. Sammeln Sie Kraft für den nächsten Anlauf.

Setzen Sie ein klares »Stop!« und fragen Sie sich: »Wie viel kann ich jetzt im Moment gerade vertragen?« Im positiven wie im negativen Sinne. Sie haben das Heft in der Hand. Schauen Sie auf die positive Seite des Lebens. Sie haben mehr innere Kraftquellen als Ihnen bewusst ist. Überlegen Sie einen Moment:

· Was ist Ihr Lieblingsplatz?

- Was hat Ihnen früher schon in Stresssituationen geholfen?
- Welche Menschen wirken unterstützend in Ihrem Leben?
- Was können Sie Ihrem Körper geben, damit er sich wohlfühlt?

Wenn Sie sich gründlich damit beschäftigen, merken Sie, dass auch ein Stück Schokolade eine Kraftquelle sein kann.

Sehen Sie die angenehme Seite des Lebens. Tanken Sie auf. Sie fühlen sich wieder wohl und lassen den Stress los.

*Plötzliche Flauten an Tagen, an denen Sie eigentlich ganz gut vorankommen und auf einmal – zack! Jegliche Energie verabschiedet sich blitzartig, Ihre Augen blicken ins Nichts, und Ihre Schultern sacken nach vorn? Da gibt es ein ganz einfaches Rezept. Ziehen Sie sich in eine ruhige Ecke zurück und knabbern Sie Studentenfutter in Schokolade – und schon geht's weiter.*

*Kernig, knackig, fruchtig und nicht zu süß. Gehaltvoll und ursprünglich. Echt ehrlich eben.*

*Entspannend dazu am Abend ist der Genuss von weißem Dessertwein mit fülligen Fruchtaromen.*

# Ein Geschenk

## LIEBLINGSMISCHUNG

Beschenken Sie jemanden! Gerade Sie haben die wunderbare Fähigkeit, in schwierigen Situationen auf andere Menschen positive Gedanken der Sicherheit und des Mutes auszustrahlen. Machen Sie es sich zu einem Vergnügen, jemandem eine Freude zu bereiten. Drücken Sie ihm oder ihr die schöne, mit einer Schleife versehene Schachtel in die Hand. »Für Sie« oder »Für Dich«. Und lächeln Sie ein Lächeln, das keinen Widerspruch duldet. Auf einmal werden Sie sich wieder unternehmungslustig, voller Hoffnung und Selbstvertrauen fühlen.

Haben Sie in letzter Zeit Dinge oder liebe Menschen als selbstverständlich betrachtet? Vielleicht ist es angebracht, dass Sie sich an Dinge erinnern, für die Sie wirklich Dankbarkeit empfinden: besondere Momente, intime Gespräche, köstliche Mahlzeiten, Ferien. Möglicherweise haben Sie tiefe Liebe mit einem Menschen erlebt oder aber ein Streit trübt Ihre Liebe. Ein bisschen Konflikt, Reibung und Kampf gehört jedoch zu jeder Beziehung. Die Tage der Traurigkeit sind ebenso nötig wie die Tage des Glücks.

Halten Sie in der Routine des Alltags inne. Hören Sie auf Ihre Gefühle. Tun Sie das, von dem Sie in Ihrem eigenen Herzen wissen, dass es das Richtige ist. Manchmal bringen kleine Taten Sonnenschein in das Leben eines anderen Menschen. Es ist außerdem ganz normal, wenn Sie von anderen gemocht werden wollen.

Stellen Sie eine erlesene Auswahl von Pralinés und Trüffeln zusammen, greifen sie auf altbewährte Lieblingspralinen zurück. Wenn Sie es wissen, dann wählen Sie dazu jene Schokoladen für den anderen aus, die dieser Mensch gerne isst.

Sie werden die Welt einen Moment zum Stillstand bringen, und ein Strahlen in die Augen Ihres Gegenübers zaubern. Erfreuen Sie sich dann an einem enthusiastischen »Dankeschön!«

*Wählen Sie Ihre Lieblingssorten! Kleine und große Versuchungen: Sahnetrüffel, Walnussmarzipanpralinen, Haselnuss-Nougat, Vanilleecken, Cerisettes … Pralinen, die mit allen nur erdenklichen Geschmacksraffinessen locken. Jede Schokoladenkreation ist ein Geschenk der Liebe.*

# Einladung

## SCHOKOLADENTORTE

Geben und Nehmen – ein jegliches hat seine Zeit. Ihre Freude am Tun und Ihre Freude am Lassen sollten immer im Gleichgewicht sein!

Sie sind wirklich ein verantwortungsbewusster Mensch, der viel leistet ohne zu klagen, bürden sich selbst viel auf, und machen stets trotz aller Schwierigkeiten weiter.

Wenn Sie eine Frau sind, dann stehen Sie mit Ihren guten männlichen Qualitäten – nämlich mit Stärke, Zuverlässigkeit, Mut und Beharrlichkeit – mitten im Leben.

Niemals scheinen Sie aufzugeben, auch, wenn Ihre Situation aussichtslos erscheinen sollte, probieren Sie immer noch eines nach dem anderen aus. Wie ein Stehaufmännchen scheinen Sie geradezu unendliche Ausdauer zu haben. Warten Sie aber bitte nicht, bis Sie völlig zusammenbrechen!

Kennen Sie die Stichworte: Ausruhen und Genießen? Genau das ist jetzt dran. Legen Sie eine Pause ein.

Planen Sie eine ausgefallene Feier, in deren Mittelpunkt Schokolade steht. Eine Party, einen Empfang, einen Nachmittagskaffee, ein Betriebsfest, ein Kränzchen oder ein geselliges Beisammensein mit Ihren Freundinnen.

Lassen Sie Ihre Liebe zu Schokolade größer sein als alle Hindernisse. Genießen Sie es, mit frischer, unverbrauchter Kraft zu schaffen, was Ihnen wertvoll ist. Backen Sie eine Schokoladentorte! Ihre Küche wird zu neuem Leben erwachen, wenn Sie dort auf Hochtouren arbeiten, denn Liebe ist einfach die kraftvollste Energie der Welt. Schauen Sie nach Schokoladentorten-Rezepten von Ihrer Großmutter, auch nach jenen, die sie vor langer Zeit Ihrer Mutter gegeben hat. Handgeschrieben. Sofort werden Sie das Gefühl der Verbundenheit mit Ihrer Großmutter und Ihrer Mutter fühlen. Sehen Sie die Zutaten durch, und vergessen Sie nicht, wenn Sie nun dieses Rezept zu backen beginnen: das Geheimnis ist – Liebe!

Eine wirklich gelungene Schokoladentorte kreieren Sie immer einzig nur mit einer großen Portion Liebe. Die gehaltvolle Schokolade wird jedes Stück Ihrer Schokoladentorte süß und nahrhaft verheißen. Und beim Backen wird Ihre Schokoladentorte so verlockend duften, dass Sie es jammerschade finden werden, alle Türen und Fenster aufzusperren, damit der Schokoladenduft entweichen kann.

Lassen Sie die Torte in Ruhe ein wenig abkühlen, und geben Sie dann essbaren Goldflitter darüber. Noch warm und innen weich, werden Sie stolz mit Ihrer exquisiten Schokoladentorte aufwarten.

Und dann – warten Sie ab. Lassen Sie in Ruhe Ihre Gäste in Ihre saftige, üppige Schokoladentorte eintauchen. Sowie Sie die Gabeln zum Mund führen und den ersten Bissen nehmen, werden sie vor Ekstase die Augen schließen, und den Moment im vollen Geschmack genießen. »Fantastisch!«, wird ihr Kommentar lauten, wenn sie langsam aus dem Schokoladenhimmel wieder herabschweben. Sie werden Ihre Schokoladentorte lieben. Jedes Stück, jeden Bissen, jeden letzten Krümel, den sie vom Teller auflesen, damit er nicht vergeudet ist.

Lassen Sie das wohlige Gefühl von Zufriedenheit in sich einkehren, denn Ihre Gäste werden es merken: Ihr Schokoladenkuchen enthält irgendeine Zutat, die Sie nicht identifizieren können. Aber wenn sie Sie fragen, werden Sie nur lachen und sagen: »Diese Zutat ist Liebe.«

*Schokolade ist ein Stoff, aus dem Träume sind. Üppige, dunkle, samtweiche Träume, die Ihre Sinne umhüllen und die Leidenschaft fürs Leben wecken. Aber nicht nur dies. Ein Stück selbstgebackene Schokoladentorte ist pure Liebe.*

WISSENSWERTES

Das klassische Schokoladenbiskuit ist in Genua kreiert worden.

## REZEPT: SCHOKOLADENTORTE

Für diese Größe benötigen Sie eine Kuchenform Durchmesser ∅ 22 cm.

125 g Schokolade mit 50% Kakaogehalt fein hacken, und mit 125 g Butter in einer Schüssel, die Sie auf dem Herd in einen Topf mit einem Wasserbad setzen, auf Stufe 2 zum Schmelzen bringen. Es darf kein Wasser in diese Mischung kommen! Die Schüssel dann aus dem Wasserbad nehmen, 150 g gemahlene Mandeln, 125 g Zucker (Rohrzucker oder anderer) und 1 Päckchen Vanillezucker dazu geben und verrühren. Dann 4 Eier (Eiweiß und Eigelb) und 1 Eßl. Speisestärke einrühren. Zuletzt geben Sie die geriebene Schale einer ungespritzten Orange dazu. Füllen Sie den Teig nun in die gefettete Kuchenform, und streichen ihn glatt.

Im vorgewärmten Backofen bei 150 °C ca. 20-30 Minuten backen. Der Kuchen geht einmal hoch auf und fällt dann wieder zusammen! Nehmen Sie den Kuchen nach dem Backen direkt aus der Form, und geben Sie das essbare Blattgold (Ebay) in kleinen Flöckchen sofort darüber.

# Ermutigung

## SAHNETRÜFFEL MIT ZIMT

Hier und jetzt sind Sie sicher. Atmen Sie tief ein. Liebe ist stets stärker als Angst. Während Sie nun entspannt wieder ausatmen, erinnern Sie sich direkt einmal an einen Vorfall in Ihrem Leben, bei dem Sie *Ermutigung* erfahren haben. *Wer* hat Sie unterstützt und aufgebaut, und warum hat dieser Vertrauensbeweis Ihnen so viel bedeutet? Schreiben Sie sofort einen Dankesbrief an diese Person – auch, wenn Sie es selber gewesen sein sollten. Das Schreiben wird Ihnen das nötige Vertrauen und wohlige Ruhe geben.

Hier ist ein neuer Aktionsplan für Sie: Bauen Sie Ihre Unerschrockenheit wieder auf! Gehen Sie in Ihr Lieblingscafé, das mit den handgefertigten Pralinés. Bleiben Sie vor dem Fenster stehen. Ihr Lebenstempo wird sich jetzt ganz plötzlich verlangsamen, denn voller Freude entdecken Sie: da sind ja Ihre Lieblingssorten im Fenster und in den kleinen Glaskästen drinnen: Bitterorangepralinen, Pfirsichcognactrüffel, Lavendelkrokant. Sie werden sehen, wenn Sie die

Tür öffnen und hineingehen, sind Ihre Schritte schon bedachtsamer. Sie halten Ihre Nase hoch und atmen den Duft ein, der in der Luft liegt. Oh, wie Sie diesen Schokoladengeruch lieben!

Sehen Sie sich bei den Regalen mit den Süßigkeiten um. Wählen Sie diesmal die Sahnetrüffel mit Zimt. Die geben Vertrauen und Ruhe. Und diesem netten Menschen, der Sie unterstützt hat und dem Sie den Brief vorhin geschrieben haben, kaufen Sie auch gleich ein Tütchen voll, legen Ihren Brief dazu und bringen es auf den Weg. Und wenn Sie das nächste Mal hingehen, versuchen Sie eine andere Sorte. Fragen Sie sich jedes Mal: Was gibt mir die beste Ermutigung? Denn jede Schokolade wärmt die Seele auf ihre ganz spezielle Weise – und ist immer ein Stückchen Liebe.

*Unter dem knusprigen Milchschokoladenüberzug verbirgt sich eine feine Schokoladensahnecrème mit einem Hauch Zimt. Dieser gelungene Kontrast von süß-knusprig und seidig-zart schmeckt einfach köstlich. Je delikater diese Ausgewogenheit ist, desto intensiver der Genuss, wobei der Zimt das seelenwärmende Vertrauen gibt und Sie wohlig ermutigt.*

# Fernweh

## MEERESFRÜCHTE

Aha, es zieht Sie also hin zu den Schokoladenmuscheln – dieser marmorierten Köstlichkeit – und Sie haben Sehnsucht nach dem Meer, Sand, Strand und der Sonne. Und vielleicht nach etwas, dass Sie meinen, nicht haben zu dürfen?

Als wenn Sie zehn Arme hätten und alle Hände voll zu tun, scheinen Sie Pflichterfüllung zu Ihrem obersten Gebot zu machen. Unter dieser Disziplin stellen Sie dann Ihre ganz persönlichen Ansprüche zurück. Aber immer dann, wenn Sie merken, dass ihre Lebensfreude abhanden gekommen ist, machen Sie sich bitte klar: Sie verlangen sich selbst zu viel ab.

Eine gewisse psychologische Ähnlichkeit mit einem Meerestier haben Sie allemal! Alleine schon Ihr ausgezeichnetes Tarnungssystem! Erscheint Ihnen etwas gefährlich, dann nebeln Sie Ihr Gegenüber ein und verschwinden schnell nach hinten. Oder Sie graben sich innerlich ganz ab, und beobachten nur noch, was gerade abläuft. Menschen, die Sie kennen, wissen – wenn es kompliziert wird, ziehen Sie sich gerne zurück.

Meeresfrüchte. Lehnen Sie sich zurück und machen Sie in Gedanken eine Reise. In Ihrem Inneren – wenn Sie es nur zulassen – tobt die ganze Sehnsucht nach Bewegungsfreiheit. Weite. Luft zum Atmen. Zum anmutigen, geschmeidigen, gelassenen Dahinströmen. Dahin, wo es Sie hinzieht. Gehen Sie jetzt dazu über, Ihre grundlegenden eigenen Ansprüche geltend zu machen und zu befriedigen. Planen Sie einen Kurzurlaub für sich. Einen Tag oder ein Wochenende. Bereiten Sie sich darauf vor ihn anzutreten. Was möchten Sie unternehmen? Und mit wem zusammen? Oder eher ganz für Sie alleine? Dann sehen Sie auch wieder die Arbeit als Dienst, der Ihnen selbst am Herzen liegt.

*Meeresfrüchte – genießen Sie diese exquisite Kombination aus knackiger Schale und unglaublich feiner Nuss-Nougat-Füllung. Die Farben, die in dieser Schokolade schimmern, sind ein irritierender Hinweis auf gewisse Dinge, die man halb sieht und halb ahnt. Wie das Meer, genauso unergründlich und zeitlos … verborgene Untiefen, stille Wasser, tosende Wellen … es lebt von Geheimnissen.*

# Freunde

## BROWNIES

Wer sind Ihre Freunde und Freundinnen, die Ihnen wirklich gut tun? *Gut tun* heißt, sie geben Ihnen das Gefühl, dass Sie kompetent sind und Möglichkeiten haben. Es bedeutet nicht, dass sie Ihnen die Botschaft vermitteln, ohne ihre Hilfe nie etwas auf die Reihe zu kriegen. Es ist ein großer Unterschied, ob Sie Hilfe erhalten, oder ob Sie so behandelt werden, als seien Sie hilflos. Führen Sie sich genau vor Augen, welches die speziellen Wesensmerkmale Ihrer Freunde sind, die Ihnen wirklich dienlich sind. Und – welche aufbauenden Gewohnheiten haben Sie mit Ihren unterstützenden Freunden gemeinsam?

Rufen Sie gleich mal einen Freund oder eine Freundin an, der oder die Sie als wirklich guten und intelligenten Menschen behandelt, der etwas zustande bringen kann.

Machen Sie sich jetzt zum Schluss noch klar, welche Ihrer Freunde oder Freundinnen Sie dazu bringen, an sich selbst zu zweifeln. Wer glaubt nicht an Sie und Ihre Fähigkeiten?

Und was haben Sie davon, an Ihren negativen Freunden festzuhalten? Wenn Sie sie mögen, ja dann – warum?

Sie besitzen die natürliche Gabe, sich mit anderen Menschen verbunden zu fühlen und können ebenso gut zuhören. Aber Sie können auch schweigen, wenn es Ihnen angebracht erscheint. Genau das bringt Ihnen das Vertrauen anderer entgegen, und Sie berühren die Herzen anderer Menschen, häufig ohne dass Sie das wissen. Erleben Sie es öfter, dass manchmal auch ganz unbekannte Menschen zu Ihnen kommen, und Ihnen ihr Herz ausschütten?

Backen Sie heute noch Brownies. Mit vielen Nüssen – die sind hervorragend fürs Gehirn! Backen hilft immer, in einem anderen Bereich Ihres Lebens etwas zusammenzubringen, es innerlich zusammenfinden zu lassen oder »fertig zu backen«. Backen Sie, und Sie werden mit all diesen Fragen weiterkommen. Das lenkt ab. Ihre Hände sind beschäftigt mit dem Rühren und dem natürlichen Rhythmus nacheinander sorgfältig alle Zutaten zu vermengen und zu vermischen. Währenddessen bringen sich in Ihrem Inneren die Dinge ebenso neu zusammen, und es entsteht etwas Kreatives und Aufbauendes. Fangen

Sie mit dem Zucker und den Eiern an, geben Sie den ausgepackten Butterbatzen in die Schüssel und schon ist etwas Gutes in Vorbereitung. Schmelzen Sie die Schokolade im Wasserbad. Je mehr Schokolade, desto saftiger werden die Brownies. Ist Ihnen inzwischen schon einiges klarer geworden?

Geben Sie den fertigen Teig in eine Form und backen Sie ihn im heißen Ofen. Schon beim Backen verströmen die Brownies ein unwiderstehliches Aroma. Haben Düfte doch die Eigenschaft, vergangene Momente mitsamt ihren nie mehr in gleicher Form erlebten Klängen und Wohlgerüchen wiederaufleben zu lassen. Genießen Sie diesen Duft mit seinem ganz speziellen Aroma, bis er Sie in die entferntesten Winkel Ihrer Erinnerung zurückversetzt.

Und dann, während Sie schließlich mit einer heißen Tasse Kaffee oder Kakao auf das Läuten der Zeitschaltuhr warten, und die Form mit den dampfenden Brownies aus dem Ofen holen, werden Sie die Antworten haben. Jetzt wissen Sie, wer in Ihrem Leben Ihre Brownies verdient hat. Am besten, Sie haben immer eine Dose voll zu Hause!

*Brownies, saftig und gehaltvoll, eine weiche Schwere mit kernigen Nüssen darin, aber doch so leicht, dass jeder eifrige Esser ohne Gegenwehr dazu überredet werden kann, noch ein Stück zu nehmen. Wenn schon einer dieser süßen Brownies ein Genuss ist, wie gut müssen dann erst zwei davon schmecken? Reichen Sie als besonders köstlichen Begleiter einen Portwein oder einen Madeira mit würzig-rauchigen Aromen dazu – auch dann, wenn Sie Brownies zum Kaffee servieren.*

## REZEPT: BROWNIES

100 g Walnüsse fein hacken. 200 g Butter schaumig schlagen, eine Prise Salz, 265 g Rohrzucker und 2 Eier nach und nach unter Rühren dazugeben. 200 g Mehl mit 1 gestr. Teel. Backpulver vermischen und mit den gehackten Nüssen zusammen unter den Eischaum geben. 70 g Kakao mit 5 Eßl. oder mehr Milch und 1 Pck. Vanillezucker anrühren, und dazugeben. 100 g Vollmilch-Kuvertüre (BIO) in kleine Stücke hacken und darunterheben oder im Wasserbad schmelzen und flüssig dazugeben.

Das Backblech mit Papier auslegen und einen hohen Rand falzen, einfetten und den Teig 3-4 cm hoch daraufgeben. Den Backofen auf 175 °C vorheizen. Auf mittlerer Schiene ca. 30-35 Min. backen. Mit einem Holzstäbchen prüfen. Die Brownies sollten innen schön saftig bleiben. Das Backblech aus dem Ofen nehmen, den Teig abkühlen lassen, dann in kleine Rechtecke schneiden. In Dosen bleiben Brownies mehrere Tage frisch!

# Genieße

## CASSISKUGELN

Was bringt Ihnen Süße in Ihr Leben? Die Psychologen sagen, Schokolade würde die Stimmung heben und so etwas wie heitere Gelassenheit vermitteln, wenn man sie kauft.

Gestehen Sie – wie ist denn Ihr Pralinenverhalten? Gehören Sie etwa zu denjenigen, die manchmal hemmungslos Pralinenschachteln plündern? Essen Sie Pralinen am liebsten allein? Bringen Sie sie vor anderen in Sicherheit, verstecken Sie sie gar? Essen Sie Pralinen so schnell wie möglich? Schlagen Sie zu, ohne hinzusehen? Oder nehmen Sie Pralinen etwa sogar aus der unteren Lage der Pralinenschachtel, bevor die obere geleert wurde?

Schokolade befriedigt Ihr Bedürfnis nach etwas Süßem in Ihrem Leben. Wenn Sie wollen, dass Sie dieses »süße Gefühl« erleben, haben Sie vielleicht gerade eine härtere Zeit erlebt, und die Grenze Ihres Durchhaltevermögens ist erreicht. Stopfen Sie Ihr Gefühl von innerer Leere nicht nur mit Schokolade. Sie brauchen dringend mehr Wohlbefinden.

Cassiskugeln bringen nicht nur Süße in Ihr Leben, sondern betonen auch das Besondere, das Außergewöhnliche, das Edle eines Schokoladengenusses.

Wenn Sie wieder einmal so ein unmäßiger und wahlloser Heißhunger auf irgendetwas Süßes erwischt, leisten Sie erbitterten Widerstand! Treten Sie die Flucht nach vorn an: Bevor Sie Ihren nächsten süßen Einkauf tätigen, nehmen Sie sich erst einmal fünf Minuten Zeit. Halten Sie inne. Wie wäre es mit einem Kir Royal? Ein Schlückchen prickelnder Sekt mit rotem Kir wird Sie lockern. Finden Sie entspannt heraus, was an Ihnen zehrt, und was Sie verzehren möchten. Seien Sie bereit, sich Ihre Gefühle anzuschauen. Überlegen Sie, was unter dem dumpfen Gefühl im Bauch auf Ihre Aufmerksamkeit wartet und schreiben Sie es auf: Ihre Geheimnisse, unerfüllten Bedürfnisse und verdrängten Impulse. Was würde Ihnen denn jetzt gut tun, Ihnen Freude, Wohlbefinden oder geistigen Genuss geben – ein »süßes Gefühl«, genau das aufregende Prickeln, das Ihnen einen Seufzer entlockt? Auch eine neue Frisur, neue Kleidung oder ein ganz neues Make-up könnten dazu gehören. Bestandteile Ihres neuen Ichs, das Sie nun aufdecken. Verwandeln Sie sich in jemanden, der für sich und andere sehr viel attraktiver und aufregender ist.

Und – wenn Sie sich dann eines Ihrer eigenen Bedürfnisse oder einen Wunsch erfüllt haben – belohnen Sie sich mit einer dieser besonders köstlichen Cassiskugeln und lernen Sie *richtig* zu genießen! Gehen Sie mit Pralinen achtsam und sorgfältig um. Wählen Sie für Ihre Schokoladen ein schönes Gefäß zum Aufbewahren. Öffnen Sie es, entnehmen Sie ein Praliné, und lassen Sie es für eine gewisse Zeit im Mund, damit Sie die vorherrschenden Geschmacksrichtungen und Aromen wahrnehmen können. Kauen Sie danach einige Male, um Überzug, Füllung und Schokolade zu vermengen. Lassen Sie der Mischung Zeit, langsam in Ihrem Mund zu schmelzen. Schließen Sie die Augen – falls diese nicht schon längst genüsslich geschlossen sind – und genießen Sie jetzt Ihre ganz persönliche Welt der Schokolade.

*Cassiskugeln, fruchtig und belebend: der Geschmack von schwarzen Johannisbeeren – rot und prickelnd wie die Liebe. Ach, wie bitte? Sie mögen Cassiskugeln eigentlich gar nicht? Dann lassen Sie sich zumindest von ihrer Farbe inspirieren: das satte Magentarot veranlasst Sie dazu, sorgfältig auf die süßen kleinen Dinge in Ihrem Alltag achtzugeben. Bestimmen Sie selbst, was Ihre Lieblingssorte ist. Nehmen Sie nichts, was andere Ihnen aufdrängen. Füllen Sie Ihre Vorratsdose für Schokolade einzig und allein mit* ***Ihrem*** *Favoriten. Und genießen Sie ihn.*

# Gewohnheiten

## SCHOKOLADEN-FUDGE, FUDGE MIT RUM-ROSINE & FUDGE MIT FLEUR DE SEL

Fudges sind beliebte Süßigkeiten, die man auch gut in der eigenen Küche selbst machen kann. Sie kommen ursprünglich aus Amerika. Jede Familie dort kennt diese Leckerei, die mit wenig finanziellen Mitteln auch in Zeiten der Armut selbst hergestellt wurden und noch heute jedes Herz erfreuen. Fudges, diese weichen Karamellbonbons, werden durch langsames Köcheln zubereitet. Dadurch entsteht der typische Karamellgeschmack, der an Variantenreichtum kaum zu überbieten ist.

Das leicht herbe Röstaroma, das den Fudge auszeichnet, entsteht, während der Zucker oder Honig zusammen mit der Butter und der Sahne in der heißen Pfanne karamellisiert. Mit Schokolade, Rum-Rosinen, Haselnüssen, Vanille und vielen anderen Beigaben können Sie alle erdenklichen Geschmacksrichtungen ausprobieren.

Ach, Sie denken, Schokoladiges sei immer nur süß? Sehen Sie, da ist schon Ihre erste Gewohnheit. Nehmen Sie ein Stückchen Fudge mit Fleur de Sel, beißen Sie ein winziges Eckchen ab, und lassen Sie den Karamellgeschmack auf Ihrer Zunge zergehen. Salz verstärkt das spezifische Aroma des Fudge. Mit Sicherheit katapultiert es Sie aus eingefahrenen Gewohnheiten heraus, denn im Salz kosten Sie von der Würze des Lebens!

Das köstliche Fudge ist in jeder Hinsicht eine Einladung an Sie, Ihre Ungewöhnlichkeit zu entdecken und in alle möglichen Richtungen hin lockerer zu werden. Probieren Sie ein Stück Schokoladen-Fudge, denn Abwechslung macht Ihr Leben süß! Ein Stückchen Fudge mit Rum-Rosine wird Sie mit ziemlicher Sicherheit in völlig andere Welten reisen lassen. Brechen Sie mit Ihren Gewohnheiten! Probieren Sie mal etwas anderes aus. Ersetzen Sie schlechte Gewohnheiten durch neue kleine Rituale in Ihrem Alltag! Während Sie das weiche Fudge genießen, finden Sie heraus, was für Sie richtig ist. Stellen Sie sich dazu jedes Mal die Frage: »Macht es mein Herz auf?« oder »Macht es mein Herz zu?«

Sie werden sehen – gerade das Fudge mit Fleur de Sel bringt einfach wieder neuen Biss und Würze in Ihren Alltag.

*Eine Tasse Assam – oder noch besser Ceylon-Tee mit etwas Milch oder einem Spritzer Sahne passt wundervoll zu diesen leckeren Karamell-Aromen.*

WISSENSWERTES

Für das sonnengetrocknete, feine Fleur de Sel werden Salzkristalle, die wie Blumen an der Oberfläche der Salzgärten des Meeres wachsen, von Hand gelesen; quasi gepflückt.

# Gleichgewicht

## HIMBEERSCHMETTERLING

Quälen Sie sich nicht länger mit tiefgreifenden Entscheidungsfragen. Womöglich sind Sie wieder einmal hin- und hergerissen: Soll ich mich jetzt für andere aufopfern oder mich selbst beschenken? Möchte ich jetzt großzügig sein? Oder sollte ich besser Grenzen setzen? Oft sind Sie vielleicht sogar unvernünftig und wechselhaft, ahmen andere nach und lassen sich leicht von ihrem Weg ablenken.

Die Kunst des Gleichgewichts besteht darin, sowohl anderen, als auch sich selbst etwas zu geben. Erkennen Sie dabei an, die Gaben und Geschenke anderer verdient zu haben. Sie sollten andere achten und respektieren, ebenso wie sich selbst.

Stoppen Sie alle Ihre Gedanken die gerade wieder einmal in die Richtung »entweder – oder« schnellen. Jeder Augenblick birgt das *»sowohl als auch«* in sich. Immer wenn Sie geben, empfangen Sie auch etwas. Auch wenn Sie etwas empfangen, geben Sie etwas. Bemerken Sie die Wechselwirkung. Durch die Spannung der Gegensätze haben Sie immer zwei Flügel zum Fliegen. Und das Fliegen ist so entspannend und schön.

Nehmen Sie diese Inspiration in Ihren Alltag auf. Leben Sie Ihr Leben, und seien Sie für andere da. Achten Sie auf die angenehme Spannung der Gegensätze. Machen Sie sich klar, dass auch die widersprüchlichsten Spannungen des Lebens sich nicht widersprechen, sondern ergänzen. Sie schließen einander nicht aus, sondern ein. Das Leben besteht eben nicht aus diesem oder jenem – sondern aus diesem *und* jenem. Wie die zwei Flügel des Schmetterlings, der immer nur so lange an einem Ort verweilt, wie er möchte.

*Genießen Sie diese fruchtig-schokoladige Praline jetzt einmal auf eine stille Weise, und denken Sie darüber nach. Und wenn Sie mögen, noch eine zweite. Stoppen Sie sofort, wenn Sie merken, dass Ihr Herz geschmolzen ist. Und dann. Dann mischen Sie diese Karten noch einmal neu, während Sie sich ganz auf die Person konzentrieren, die Sie in diesen Zustand versetzt hat. Und? Welches Konfekt kommt dabei heraus? Genau! Schenken Sie diesem lieben Menschen genau diese Schokolade. Mit einem Lächeln!*

# Gönn dir was

CERISETTE

Gönnen Sie sich aufbauende Gefühle. Etwas, das Sie ermutigt. Ein Leben ohne Schokolade – da fehlt doch etwas Wichtiges! Verwöhnen Sie sich mit dieser erlesenen Kirsche in Armagnac und einem Überzug feinster Schokolade. Sie schmilzt im Mund und der feurig-fruchtig alkoholische Geschmack hält ein wenig an, so lange wie guter Wein.

Die Tatsache, dass Sie Schokolade mögen, zeigt, dass Sie Genussfähigkeit besitzen. Dies ist die Basis Ihres Wohlbefindens und Ihrer Lebensqualität. Also wagen Sie es! Kosten Sie von den verbotenen Früchten.

Mit dieser Schokoladenrezeptur kitzelt Sie das Glück, Vergnügen, Liebe, Ekstase, Phantasie. Wenn Sie sich gut fühlen, Zeit haben und in guter Verfassung sind, verwöhnen Sie sich. Kosten Sie mit allen Sinnen Ihr Leben aus!

Was gehört denn alles zu Ihren ganz speziellen Verwöhnpunkten? Sie haben sie doch nicht etwa gut weggepackt und dann noch einen Deckel darauf gemacht? Gestehen Sie vor sich selbst ein, was es ist. Sie brauchen ja erst einmal niemanden in Ihr süßes Geheimnis einzuweihen.

Man kann es so sehen: Schokolade macht uns dekadent, schuldig und sündig – oder so: gesund, schick und glücklich. Erlauben Sie dem Leben einfach wie eine Schale voller Kirschen zu sein – süß, genussvoll, sinnlich und ein wenig geheimnisvoll.

Leisten Sie sich immer wieder ganz spontan »etwas Besonderes«, und genießen Sie es dann. Auf diese Art schaffen Sie eine Welt voller Spannung und Abenteuer um sich herum.

Im Nu wird Sie das süße Objekt Ihrer höchsten Begierde dann auf magische und wundervolle Weise auch aus den Stimmungstiefs Ihres Lebens herauskatapultieren.

*Beißen Sie hinein. Sie werden bemerken, wie schön es ist, so richtig genießen zu dürfen. Wenn Ihre Geschmacksnerven betörende Erregung, dramatisches Geschehen und süße Befriedigung suchen, dann greifen Sie zu den Cerisettes! All dies macht die paradiesischen Kirschen in Armagnac zu einer Verlockung ohne Gleichen! Kosten Sie besonders das samtige Aroma in diesem Praliné vollkommen aus!*

# Heilwerden

## VANILLEECKEN

Sie lieben dieses süße, zarte, milchige, vanillige Gefühl, das Sie aus Ihrer Kindheit kennen. Gerne erinnern Sie sich an die schönen Stunden des Glücklichseins – an eine Zeit, als die Dinge noch einfach waren. Sie wünschen sich die Unschuld eines Kindes zurück und suchen das unbeschwerte Glück.

Vergleichen Sie sich manchmal mit anderen, und finden, Sie sind zu verletzlich? Vertrauen Sie darauf, dass Sie genauso sind, wie Sie sein sollen. Sie müssen sich nicht ändern, um anderen zu gefallen. Sie haben sich noch etwas Kindliches in Ihrem Herzen und Ihren Gefühlen bewahrt, was viele Menschen schon längst mit rauem Gebaren überdecken. Sie dürfen anders sein, empfindsam und offen. Denken Sie über Ihre eigene Person positiv. Glauben Sie an sich.

Behandeln Sie jemanden, der Sie verletzt hat in einer Weise, dass der Betroffene Ihre Grenzen zu spüren bekommt, sein Verhalten ändert und erkennt, was tatsächlich angebracht ist. Entscheiden Sie sich klar dafür, etwas zu tun, statt etwas zu erdulden.

Wenn Sie manchmal nicht mehr wissen, was in Ihnen vor sich geht, dann beginnen Sie doch einfach über Ihre Gefühle zu sprechen! Erzählen Sie einem vertrauenswürdigen Freund, einer Freundin oder einem Mitglied Ihrer Familie, wie Sie sich fühlen. Wenn Sie sich anvertrauen und über Ihre Gefühle reden, werden Sie sich selbst besser verstehen.

Von wo oder wem kommen gerade liebevolle Impulse auf Sie zu? Für die sollten Sie offen sein. Ein Entgegenkommen, eine Liebeserklärung oder ein Kompliment, aber auch einfach alles, was Ihre Laune hebt, Sie aufbaut oder tröstet.

*Nehmen Sie sich Zeit zum süßen Nichtstun. Vanille, die Königin der Gewürze, wirkt beruhigend auf die Nerven. Gerade dann, wenn Sie vielen Anforderungen von allen Seiten gerecht werden müssen und der Reizüberflutung in der heutigen Zeit erliegen – sind Vanilleecken gut. Die helle Farbe der Glasur bemächtigt sich in diesem Augenblick Ihrer Sinne, im Schlepptau Bilder aus Ihrer Kindheit in unschuldigem Weiß. Eine knackige Schokolade, eine Füllung aus Sahne-Crème und Vanille. Sie sollten sie wirklich versuchen.*

### WISSENSWERTES

Als ‚cacixanatl', aztekisch, etwa: „tiefgründige Blume" wurde Vanille im alten Mexiko geschätzt. Mit dem unvergleichlich sanften Blütenaroma dieser Orchideenpflanze wird traditionell Kakao und Schokolade aromatisiert. Wie Chili ist auch die Vanille eines der ersten Gewürze des Kakaos.

# Herausforderung

## LIKÖRPRALINEN

Sie haben sich Ihr Leben und diesen Tag vollkommen anders vorgestellt? Sie sind unzufrieden mit dem, was das Leben Ihnen bietet? Aha! Deswegen trösten Sie sich jetzt mit Schokolade!

Seien Sie dabei nicht einfach nur trotzig wie ein kleines Kind, das sich mit Süßigkeiten vollstopft. Lassen Sie sich von keinem Schokoladenrausch einfangen, um dann im hoffnungslosen Untergang zu landen. Wenn Sie sich den momentanen Augenblick anders wünschen als er ist, werden die Widerstände in Ihnen wachsen. Die halten Sie dann davon ab, eine Situation so anzunehmen, wie sie ist. Fügen Sie sich besser in die Gegebenheit, was nicht bedeutet, dass Sie sich aufgeben oder die Haltung »Was soll's« einnehmen sollten.

Das Leben bietet Ihnen Herausforderungen, damit Sie Ihre Fähigkeiten weiterentwickeln und Ihre innere Kraft verstärken können. Seien Sie sich sicher: *die Lösung existiert bereits!*

Verwandeln Sie Hindernisse in Chancen,

gehen Sie durch Wände. Es ist einfacher als Sie denken. Machen Sie sich das Hindernis, vor dem Sie stehen, voll bewusst, und begrüßen Sie es. Machen Sie es sich dann zum Ziel, wachsam damit zu sein und an Ihrem Verhalten etwas zu verändern. Werden Sie kreativ. Probieren Sie einfach einen anderen Weg aus. Machen Sie sich klar: Sie sind stets frei in Ihrer Entscheidung, in Ihrer persönlichen Wahl des Weges – mit wem, wie und wohin.

Früher hätten Sie vielleicht ganz anders reagiert. Vor Jahren hatten Sie vielleicht noch schlaflose Nächte. Heute schmunzeln Sie darüber. Im Rückblick sehen Sie, Sie sind schon manches Mal an Ihre Grenzen gestoßen, so dass Sie gezwungen waren, etwas zu verändern. Seien Sie den Herausforderungen also dankbar.

*Entspannen Sie. Auch die Knackpunkte im Leben können Spaß machen. Genießen Sie Likörpralinen, eine nach der anderen, und nehmen Sie sich die Zeit und die Ruhe dazu. Das Rascheln und Knistern des Stanniolpapiers beim Auspacken, das Knacken beim Reinbeißen, die süße Zuckerkruste mit dem flüssigen Likör im Inneren und die muntere Haltung „Schnaps drauf" wird Sie innerlich aufrichten und wärmen –*

*und die Dinge in einem neuen Licht erscheinen lassen! Am besten ist es, Sie schlafen dann eine Nacht darüber. Wenn Sie morgen früh aufwachen, wird Ihnen schon wesentlich klarer sein, wie Sie vorgehen müssen.*

## *Herzklopfen*

CHAMPAGNERTRÜFFEL

Warten Sie nicht auf ein Fest. Warten Sie auch nicht, dass jemand Sie zum Tanz auffordert. Lassen Sie den Walzer einfach in Ihrem eigenen Herzen spielen!

Mit dem Genuss von Champagnertrüffeln überwinden Sie sofort Ihre Angst, und verbreiten die Kraft der Liebe auch an den tristesten Tagen.

Beziehen Sie Ihre Zuversicht auch weiterhin aus der Ihnen bekannten Erkenntnis, dass einzig *Liebe* es vermag, alle Gegensätze zu überwinden.

Zelebrieren und feiern Sie diesen Tag. Jeder Tag hat etwas Besonderes, das Sie anerkennen, würdigen und feiern sollten. Lieben Sie ab jetzt auch ganz besonders das, was sich noch nicht im Licht der Liebe gezeigt hat. Und wenn Probleme auftauchen? Dann haben Sie Geduld. Nichts wird so heiß gegessen, wie es gekocht wird.

Tatsächlich brauchen Sie die Nähe von Menschen, ohne die Sie das Leben für sich als nicht lebenswert empfinden. Gut so! Denn allein mit Ihrer Herzlichkeit üben Sie bereits eine große

Anziehungskraft auf Ihre Mitmenschen aus! Eine Ihrer herausragenden Eigenschaften ist, sich auf andere Menschen einstellen zu können. Besonders bei Emotionen auslösenden Ereignissen konnten andere Menschen bisher immer auf Sie zählen!

*Für den Mann:* Zögern Sie nicht. Erobern Sie ihr Herz mit Champagnertrüffeln. Kaufen Sie am besten noch eine Flasche Champagner dazu – und genießen Sie diesen prickelnden Moment, wenn sie aus allen Wolken fällt.

*Für die Frau*: Warten Sie nicht auf den Traumprinzen. Verwöhnen Sie sich mit Champagnertrüffeln und am besten mit einem Schlückchen Champagner dazu. Vielleicht freut sich jemand, den Sie kennen, auf eine Einladung dazu?

*Feiern Sie die kleinen Errungenschaften im Leben, das Kostbare, das Sie dem Alltag haben abringen können. Ein Champagnertrüffel mit einer zarten Hülle aus dunkler Schokolade, gewälzt in feinem Puderzucker, schmeckt intensiv und kitzelt alle Winkel Ihrer Geschmacksnerven.*

# Hingabe

## ZITRONENTRÜFFEL

Gibt es in Ihrem Leben nur wenige Dinge, die Sie derzeit hingebungsvoll erledigen? Warum? Womöglich beschäftigen Sie sich mit Problemen von gestern oder morgen: »Ich müsste eigentlich…«, »Ich sollte…«. Zwar erfüllen Sie Ihre täglichen Pflichten – aber mit einer Portion Widerwillen und stellen Ihre eigenen Bedürfnisse allzu oft zurück. Wo ist der Spaß in Ihrem Leben?

Es ist hilfreich, wenn Sie Ihre Einstellung ein klein wenig ändern. Auch Notwendiges können Sie mit Hingabe erledigen. Dann sind Sie nämlich wirklich beteiligt daran! Vielleicht richtet sich Ihr Widerstand auch gar nicht gegen die augenblickliche Situation, sondern gegen die Geschwindigkeit, in der etwas fertig werden soll, gegen eine bestimmte Arbeitsweise, die schwierig für Sie ist. Es ist eben alles so, als würden Sie in eine saure Zitrone beißen!

Gewinnen Sie einer unangenehmen Situation doch etwas Positives ab. Entscheiden Sie sich mit Hingabe bewusst und aufmerksam zu bleiben, ganz gleich, was Sie tun. Vielleicht spülen Sie nicht gerne ab. Schenken Sie dem nächsten Abwasch trotzdem Ihre ganze Aufmerksamkeit. Beobachten Sie einfach einmal genau, was in jedem Augenblick geschieht. Betrachten Sie den Schaum auf den Tellern, fühlen Sie die Wärme des Wassers, sehen Sie zu, wie sich das Wasser im Strudel dreht, bevor es verschwindet.

Vielleicht brauchen Sie auch eine gute Portion Hingabe von anderen Menschen? Gut so! Sagen Sie anderen Menschen, was Sie von ihnen brauchen. Ist es, dass jemand Ihnen gerne zuhört oder brauchen Sie Trost? Oder dass mal jemand anderes den Abwasch macht?! Sagen Sie es. Liebevoll, aber bestimmt. Nun beißen Sie schon in diesen schönen gelben Zitronentrüffel. Sie werden *nicht* Ihr Gesicht verziehen.

*Zitronentrüffel aus fruchtigem Zitronengelee in knackiger, weißer Schokohülle mit süßem Puderzucker umhüllt. Frisch und aufregend. Unter der vermeintlich einfachen Oberfläche verführt Sie der herbe Geschmack von Zitrusfrüchten, und Sie werden leicht und heiter. Köstlich! Ihre Hingabe an das, was Sie nicht so gerne am Leben mögen, wird kinderleicht!*

# Innehalten

## SACHERTORTE

Hören Sie auf, nach den großen zeitlichen Freiräumen zu suchen, finden Sie stattdessen die kleinen! Nehmen Sie sich Zeit für sich; eine kleine Auszeit für eine Tasse Kaffee und ein herrliches Stück Sachertorte.

Gehen Sie in der Mittagspause in ein Café in Ihrer Nähe. Sei es auch nur für eine Viertelstunde. Sie werden sehen: wenn Sie die Tür öffnen und hineingehen, werden Ihre Schritte bedachtsamer. Und dann gönnen Sie sich dort eine herrlich große Tasse Kaffee mit viel Milchschaum und ein Stück bester Sachertorte.

Auch eine Schokoladenfreundschaft wird Ihnen gut tun. Laden Sie eine Freundin ein, und haben Sie einfach Spaß miteinander. Ein Treffen im Café ist immer die Einladung zu einem Gespräch. Das ist der beste Ort, um sich Geheimnisse anzuvertrauen und die Verschwiegenheit in einer Frauenfreundschaft zu pflegen. Ein kurzes Telefonat – »Ach, dort gibt es einfach die beste Sachertorte, die ich je gegessen habe! Vielleicht wäre es nett, sich dort zu treffen?« – bringt Ihnen schon Geselligkeit. Nutzen Sie diesen kleinen zeitlichen Freiraum, den Sie gerade haben. Gewinnen Sie Ihre Autonomie in Bezug auf Zeit für sich zurück! Welche Bereiche gibt es in Ihrem Leben, auf die Sie viel zu wenig oder gar keine Zeit verwenden? Welche Ideen kommen Ihnen jetzt? Teilen Sie sie Ihrer Freundin mit, und machen Sie etwas daraus. Ihre Freundin wird Sie sicher darin unterstützen.

Voller Entzücken, sobald die Sachertorte an Ihren Tisch kommt, werden Sie die Gabel zum Mund führen, vor Genuss die Augen schließen, innehalten und im Geschmack dieses göttlichen ersten Bissens schwelgen.

*Die Sachertorte: drei dünne Schichten säuerlich-fruchtiger Marillenmarmelade trennen die dicken Lagen dunkler, saftiger, üppiger Schokoladentorte.*

WISSENSWERTES

Not macht erfinderisch! Im Jahr 1832 erfand der sechzehnjährige Karl Sacher diese berühmteste Schokoladentorte der Welt. Weil der Chefkonditor krank war, sprang er als Lehrling ein, als Fürst Metternich seine Hofküche beauftragte, ein besonderes Dessert für sich und seine Gäste zu kreieren: Es wurde die »Sachertorte«.

# Inneres Kind

## TASSE HEISSE SCHOKOLADE

Schokolade birgt ein wundervolles Geheimnis – das Geheimnis, Schicksale zu offenbaren. Strecken Sie Ihre Hand nach diesem Geheimnis aus – was immer das für Sie ist. Werden Sie ein klein wenig trunken vom kleinen Glück, Xocoatl, dem Göttertrank.

Zeit für eine Tasse heiße Schokolade bleibt immer, mit Milch, Vanille, Chili und siebzigprozentiger Schokolade. Sie schmeckt kräftig und ist nur leicht bitter, hinten auf der Zunge. Durch das Chili wird sie ein bisschen scharf – nicht zu viel, nur eine Spur – und die Gewürze verleihen ihr das gewisse Etwas…

Eine Tasse heiße Schokolade hilft bei jeder kleinen oder größeren Frustration. Sie wärmt, baut wieder auf – und sie offenbart Ihnen ein Geheimnis.

Schon das Ritual der Zubereitung wirkt beruhigend. Das Rezept ist einfach: erhitzen Sie in einem Topf langsam die Milch. Fügen Sie rührend reines Vanillepulver dazu, und geben

Sie etwas ungesüßtes Kakaopulver hinzu. Nun raspeln Sie gute, hochprozentige Schokolade oder nehmen Sie Schokoladen-Callets. Lassen Sie dabei den Topf auf dem Herd nicht aus den Augen und warten Sie darauf, dass die heiße Milch zu dampfen beginnt. Wenn sie kocht, nehmen Sie den Topf vom Herd. Geben Sie die Schokolade hinein, und schäumen Sie die Mischung einige Minuten mit dem Schneebesen auf. Spüren Sie das Zittern im Stiel durch den Sie die schmelzende Schokolade mit der heißen Milch vermengen und aufschlagen. Schokolade müssen Sie zärtlich rühren, streicheln, necken – bis sie schaumig und cremig ist. Geben Sie etwas Chilipulver hinzu.

Greifen Sie in den Schrank und ziehen Sie Ihre Lieblingstasse heraus – die große! Nun gießen Sie die heiße Schokolade in Ihre Tasse. Köstlich. Machen Sie es sich gemütlich und genießen Sie einfach. Viel heiße Schokolade. Das Leben könnte nicht schöner sein.

Von dem Moment an, in dem unsere Mütter, Großväter und Tanten uns ein wenig Kakao in die Milch rührten, waren wir in ihrem Bann – im Bann der Schokolade. Heiße Schokolade wird zum Lieblingsgetränk unserer Kindheit – vor dem Schlafengehen, als Seelentröster, als

Pausenkakao in der Schule. Dieses Gefühl von Entspannung und Wärme! Es setzt schon beim ersten vorsichtigen Schlürfen am Tassenrand ein. Heiße Schokolade, wie Samt. Jedes Mal dick, gehaltvoll und perfekt in ihrer Zusammensetzung. Das himmlische Aroma befördert Sie in einen anderen Tag, an einen anderen Ort. Die Geheimnisse kommen ans Tageslicht, eines nach dem anderen. Erinnern Sie sich wieder daran, wie sich das anfühlte, damals, als das geliebte Kuscheltier verschwunden war oder dieser Herzschmerz, wenn die besten Freunde Sie plötzlich ausgrenzten. Sehen Sie sich wieder als das kleine Kind. Was wäre, wenn Sie vollkommene Fürsorge und Unterstützung erfahren hätten? Was hätten Sie bekommen? Behandeln Sie sich in solcher Art und Weise nun selbst. Umsorgen Sie Ihr Inneres Kind und bauen Sie es auf. Denken Sie daran, Ihr Inneres Kind ist sehr lebendig. Es liebt Ermunterung von Ihnen. Na, beginnt Ihr Gesicht jetzt zu leuchten?

*Gekrönt von einem Sahnehäubchen ist eine dampfende Tasse heiße Schokolade der perfekte Tagesbeginn. Und abends vor dem Einschlafen gibt es nichts Besseres, um süß zu träumen.*

# Integrität

OSTEREI

Einerseits fühlen Sie sich sicher und geborgen, da wo Sie sind. Anderseits sind Sie im Zwiespalt und wissen – jetzt ist genau der richtige Zeitpunkt, um in Ihrem Leben etwas aufzugeben, das Ihnen für Ihre persönliche Entwicklung zu eng geworden ist. Eigentlich fühlen Sie sich ganz wohl, aber andererseits wissen Sie, da wo Sie sind, ist es auch sehr beschränkend. Seit geraumer Weile fragen Sie sich schon: will ich da raus oder will ich da bleiben? Das, was Sie kennen, denken Sie, sei die Welt. Aber die Welt da draußen ist viel, viel größer.

Wagen Sie einen Durchbruch. Bestimmen Sie für sich selbst konkrete Lebensziele. Formulieren Sie genau, wohin Sie wollen. Seien Sie optimistisch! Halten Sie sich dabei offen für neue sensible Kontakte mit anderen Menschen. Besonders mit jenen Menschen, die Sie wahrnehmen, wertschätzen und mögen.

Das Ei kündigt eine Neugeburt an. Jene Seite Ihres Wesens, die jetzt ins Leben drängt, kennen

Sie wahrscheinlich schon von sich. Haben Sie keine Angst, die Welt sei für Sie zu groß. Geben Sie sich genügend Zeit, Ihren Ängsten mutig ins Auge zu schauen und über Ihren Schatten zu springen. Nehmen Sie sich die Freiheit, mit anderen Möglichkeiten zu experimentieren, um sich auszuleben. Wenn Sie noch zögern, dann stellen Sie sich die Frage: Für welche Alternative möchte ich mich entscheiden? Für die Angst oder für meine eigenen Ziele?

Vielleicht fühlen Sie sich etwas allein dabei, aber mit Sicherheit erahnen oder kennen Sie Ihr Ziel, und damit genau das, wohin Sie wollen. Also: pellen Sie sich aus dem Ei! Auch wenn Sie noch zögern, sich da herauszuwagen, wo Sie sind: das Leben wird zwar gefährlicher, aber auch viel aufregender! Bevor Sie sich jedoch daran machen, etwas radikal zu ändern, erweitern Sie mit Büchern, die Sie lesen und Gesprächen, die Sie führen, Ihren Horizont. Drücken Sie sich aus, und zeigen Sie anderen, was Sie durchgemacht oder erlebt haben.

Nehmen Sie sich nicht zu viel auf einmal vor. Spüren Sie nach dem festen Boden unter Ihren Füßen, und da ist es ganz so, dass Ihr gewohntes Leben durchaus etwas Beruhigendes für Sie hat. Es gibt Ihnen Sicherheit. Vielleicht fühlen Sie sich wie ein kleiner Vogel, der kurz vor dem Schlüpfen von innen gegen die Schale pickt. Innerlich mögen Sie sich als völlig verändert empfinden, auch wenn Ihr Leben objektiv oder von außen betrachtet noch in genau den gleichen Bahnen verläuft wie immer.

*Die Vollkommenheit der Eiform. Der sanfte Glanz der Vollmilchschokolade. Wagen Sie es, zerbrechen Sie das Ei in Schokoladenstücke. Kosten Sie. Beruhigend milde Vollmilch. Süß zergeht sie mit köstlichem, warmen Schmelz auf Ihrer Zunge.*

WISSENSWERTES

Das Osterei ist traditionell ein Fruchtbarkeitssymbol, ein Symbol des Lebens. Mit dem Osterfest kehrt das Leben nach dem langen Winter wieder zurück in der Natur. Die Bäume treiben Knospen, Sträucher blühen, Narzissen und Tulpen begrüßen in leuchtenden Farben die wärmende Sonne. Die Leidenszeit ist vorbei!

# Komm näher

## SCHOKOLADENEIS

Gratulation! Sie sind sehr diszipliniert. Sie haben mit Ihrem Gewissen gesprochen und ausgemacht, dass die vernünftigen Dinge in Ihrem Leben absoluten Vorrang haben. Deshalb haben Sie auch keine Schokolade zu Hause. Oder haben Sie etwa welche gekauft, die Sie streng zu bestimmten Anlässen aufheben?!

Schokolade ist verführerisch, berauschend, manchmal sogar dekadent und absolut notwendig, damit Ihre Sinne lebendig und leidenschaftlich bleiben. Planen Sie Ihr Leben nicht ohne sie.

Sie sind gern allein und wahren Ihre Distanz. Bisweilen stolz, gehen Sie Auseinandersetzungen selbstbewusst und sicher aus dem Weg. Als selbstständige Person wissen Sie genau, was Sie wollen. Ihre guten Eigenschaften geben Ihnen oft ein Gefühl der Überlegenheit. Und Sie wünschen Ruhe, Alleinsein und Unabhängigkeit.

Aber auf die Dauer gesehen, kann es dann doch passieren, dass Sie unter Steifheit und Verspannungen leiden. Dann bemerken Sie sogar selbst, dass Ihre Energie einfach blockiert ist!

Ihnen fällt es schwer, von sich aus auf Leute zuzugehen. Aber jemand, der Sie gut kennt, weiß, da gibt es etwas, mit dem man Sie aus der Reserve locken kann: Schokoladeneis! Ergreifen *Sie* jetzt mal die Initiative! Treffen Sie mit diesem Jemand heute in Ihrer Lieblingseisdiele eine besondere Verabredung.

Bestellen Sie einen Schokoladeneisbecher mit zwei Löffeln. Und lassen Sie sich auf diese aufregende Verabredung ganz ein. Während Sie warten, können sich ab und zu Ihre Knie unter dem Tisch berühren. Ihr Herz wird bei jedem leichten Stupsen flattern. Ihre Blicke werden sich begegnen, und auch wenn Sie wegsehen, begegnen sich Ihre Blicke wieder, und Sie reden über den Tag, den Sie gerade erlebt haben, über gemeinsame Freunde und Musik oder Filme, die Ihnen beiden gefallen.

Der Schokoladeneisbecher wird kommen, große von Schokolade glänzende Kugeln Schokoladeneiscreme, verziert mit einem Berg Schlagsahne. Nehmen Sie ein köstliches, erstes Löffelchen, und beobachten Sie, wie Ihre Verabredung ihr Löffelchen ein bisschen voller lädt. Mutig geworden, werden Sie sich einen etwas größeren, zweiten Löffel genehmigen. Ihr Gegenüber wird Ihrem Beispiel folgen.

Dann wird die Welt sich auf den Eisbecher verengen. Kühl fühlt sich die Eiscreme auf Ihren Lippen an. Feucht und schwer liegt die Schokolade auf Ihrer Zunge, und die Schlagsahne ist glatt wie Seide. Während Sie entspannen, genießen Sie gemeinsam. Vergleichen Sie Ihre Kommentare und Meinungen zu dieser Neuentdeckung. Vielleicht geben Sie ähnliche Laute von sich, als ob man ihnen gerade liebevoll den Rücken massieren würde? Und Sie stellen fest: Sie lieben es, einem Menschen zu begegnen und dieses gewisse Etwas von Nähe zu erleben.

WISSENSWERTES

Die Geschichte der Eiscreme ist Jahrtausende alt. Sie begann mit einer Mischung aus Schnee und Honig. Das gehaltvolle Schokoladeneis – am besten mit echter, flüssiger Schokolade zubereitet – hat zwar nur sehr wenig mit seinem Vorgänger gemein, ist aber mindestens genauso köstlich und hat dazu den entscheidenden Vorteil, dass es auch in schneefreien Zeiten, das ganze Jahr über, verspeist werden kann.

# Konzentration

## WALNUSSMARZIPANPRALINE

So wie Sie denken, gestaltet sich auch die Welt, in der Sie leben. Mit jedem Gedanken erschaffen Sie die Situationen Ihres Lebens aufs Neue. Sie streben nach Erfolg. Entwickeln Sie also die richtigen Gedanken.

Die Walnussmarzipanpraline schärft Ihren Geist – Nüsse sind eben gut für das Gedächtnis. Sie können besser denken und sich konzentrieren.

Gerade wenn viele Gedanken in Ihrem Kopf herumschwirren, ölt das Walnussmarzipan Ihre geistige Beweglichkeit. Blitzschnell können Sie in alle Richtungen denken, die »harten Nüsse« in Ihrem Leben ganz leicht knacken und wenn nötig, jede Ihrer Ansichten wieder ändern. Lieben Sie das Veränderliche am Leben! Sie erhalten immer die nötige Bewegung.

Wenn Sie sich das nächste Mal im Freien, im Wald, im Park oder in den Bergen bewegen, dann gehen Sie einmal ganz ungestört Ihren Gedanken nach, führen Sie einen gedanklichen Dialog. Auf diese Weise treffen Sie Ihre Entscheidungen mit

Bedacht. Nehmen Sie sich erst dann etwas Neues vor, wenn Sie im tiefsten Innern überzeugt sind, dass Sie richtig handeln.

Nutzen Sie Ihre schöpferischen Kräfte. Machen Sie sich jetzt einmal einen Menschen bewusst, der Erfolg hat, den Sie insgeheim *bewundern* und auf den Sie Ihrem Gefühl nach auch öffentliche Loblieder singen könnten. Welche Eigenschaften hat dieser Mensch, die Sie auch bei sich weiterentwickeln könnten? Warum gehört diesem Menschen Ihr Herz? Und welche Eigenschaft bewundern Sie an diesem Menschen am allermeisten? Beginnen Sie genau *das* zu leben!

Schließen Sie jetzt einmal alle anderen Gedanken aus. Konzentrieren Sie sich auf diese Eigenschaft in Ihnen selbst, und vertrauen Sie auf Ihre schöpferische Kraft, die aus der Konzentration auf diese Eigenschaft in Ihnen kommt. Ist das nicht aufregend!

In Ihrem Kopf herrscht sofort Ruhe und Frieden. Wenn irgendwann Probleme kommen, konzentrieren Sie sich auf diese Eigenschaft, handeln Sie danach, und die Lösung taucht dann ganz von selbst auf.

*Genießen Sie Walnussmarzipanpralinen am besten in der Ruhe des Abends.*

WISSENSWERTES

Die echte Walnuss spielt schon seit alters her eine mythische Rolle. Wegen ihres majestätischen Habitus und reichen Fruchtansatzes wird sie mit Königswürde und Fruchtbarkeit in Verbindung gebracht.

# Lebenslust

## INGWERSTÄBCHEN

Als wahrer Pioniergeist ist Ihnen keine Anstrengung zu viel. Sie lehnen sich gerne zurück, bauen in Ihrem Kopf an Ihren Ideen und Vorstellungen, und träumen dabei von Liebe, Erfolg und Macht. Aber davon erzählen Sie anderen nur selten, denn Sie können schon sehr verschlossen sein.

Seien Sie ehrlich. Fehlt Ihnen gerade der Elan, das Prickeln neuer Ideen, das Brennen unter den Nägeln, dieses gewisse Etwas...?

Bevor Sie etwa den Glauben an sich selbst verlieren, gönnen Sie sich einfach den Genuss von Ingwerstäbchen, umgeben mit einem Hauch von Zartbitterschokolade. Die wecken wieder Ihre Lebensgeister. Denn eigentlich sind Sie jemand, der es im Leben zu etwas bringt. Sie haben Energie, Visionen und Ambitionen. Was Sie sich vorstellen, das erreichen Sie auch! Sie sind einfach in der Lage, geschickter zu agieren als andere.

Stellen Sie sich ein Schälchen voll Ingwerstäbchen in Ihre Nähe, was auch immer Sie gerade machen, und kosten Sie – allein die frische, zitronige und pikante Note des Ingwers, wenn Sie den Schokoladenmantel durchbeißen, wird ein Prickeln auf Ihrer Zunge hinterlassen. Sofort wird Ihre innere Lebendigkeit und geistige Frische zurückkehren, Ihr lebhafter Geist, Ihr klarer Kopf und Ihr Sinn für Abwechslung!

Viele Liebhaber der Ingwerstäbchen haben Erfolg. Sie haben die Missstände in ihrem Leben überwunden – und Sie haben hart dafür gearbeitet. Der süße Ingwer weckt eben die Lebenslust. Sie sind dann einfach besser im Fluss, frisch und authentisch. Sie nehmen leicht Energie auf, und geben Sie genauso auf erfrischende Weise weiter.

Alsdann bringen Sie nun ungeschönt die wahren Nachrichten, nämlich diejenigen, die wirklich Entscheidendes vermitteln und mit echtem Fortschreiten zu tun haben! Ingwer weckt eben Ihren wahren Pioniergeist, dem keine Anstrengungen zuviel sind für sein Ziel. Jetzt bringen Sie spielend leicht das Unerledigte vom Tisch. Vielleicht stehen Sie nun sogar freiwillig eine Stunde früher auf als gewohnt!

*Genießen Sie zu den Ingwerstäbchen in Zartbitterschokolade eine Tasse Earl Grey mit einem Spritzer Sahne. Das frische Bergamotte-Aroma des Earl Greys harmoniert wunderbar mit dem pikant erfrischenden, kandierten Ingwer. Sein rauchiger Duft erinnert Sie sofort an das Besondere in diesem Augenblick. Elegant dazu ist auch der Lady Grey, ein Earl Grey mit einer besonders zitronigen Note.*

# Leidenschaft

## CHILIPRALINÉ

Sie glauben, dass Schokolade Ihre Figur ruiniert? Werden Sie besser kein Asket. Lassen Sie in jeder Beziehung »locker«. Selbst wenn Sie die »richtige Ernährungsweise« kennen. Billigen Sie sich mehr sinnliche Freuden und Vergnügen zu. Leben ist Lust, Liebe, Leidenschaft, Lachen …

Na, wie wär's mit ein bisschen Schokolade aus feinstem Kakao, gefüllt mit einer Schokoladencrème und einer Prise Chili? Dunkle, edle Schokolade, ohne weiteres in der Lage, einen Raum zu erwärmen. Die wird Ihnen einheizen! Chili erregt nicht nur Ihre Sinne, sondern befeuert auch Ihren Stoffwechsel – Sie bleiben schlank.

Sie sind ein ausgesprochen sinnlicher Mensch. Der Typ, der sich nach Leidenschaft und Erotik sehnt. Sie lieben es, Ihren Partner zu streicheln, denn Sie mögen – und brauchen – die Berührung als Bestätigung und Ausdruck Ihrer Liebe. Erweitern Sie Ihre Vorstellung von Sinnlichkeit. Werden Sie zum sinnlichen Genießer, der Sie im Grunde Ihres Herzens schon immer waren.

Teilen Sie diese raffinierten und exotischen Chilipralinés gemeinsam mit jemandem anderen. Sie werden sogar einen Griesgram zum Leben erwecken! Schaffen Sie Gelegenheiten nach einem Dinner bei Kerzenschein oder bei einem Picknick an einem abgelegenen Ort oder ganz einfach abends gemeinsam auf der Couch.

Kosten Sie ein Stückchen. Lassen Sie es auf der Zunge schmelzen und bewegen es. Glatt und geschmeidig schmilzt die Schokolade samtig auf Ihrer Zunge. Die Aromen eines Edelkakaos sind vielfältig ... das Chili Praliné- schwarz wie die Nacht mit hauchfeiner Crèmefüllung, doch gleichzeitig versteckt sie die Schärfe des Orients in ihrem kleinen Schokoladenmäntelchen.

Nehmen Sie das nächste Stückchen zwischen Ihre Zähne und lassen Sie dann Ihren Partner daran abbeißen. Und schon sind Sie mittendrin in einem sinnlichen Erlebnis, berühren und genießen, erleben wahre Gaumenexplosionen und einen einzigen küssenden, schmeckenden, Genuss, begleitet von lustvollen Lauten und Kommentaren wie: »Ah, ich spüre in mir ...«

Nehmen Sie genüsslich alles in sich auf, was Sie sehen, hören und fühlen. Lassen Sie es zu. Das, wonach Sie sich sehnen, ist Ihnen so nahe wie der Atem des Geliebten. Und das Schönste an der Liebe ist – wie von selbst greift plötzlich alles ineinander. Sie treffen einander, vergessen Ihre eigene Identität, Ihre Herzen sind nicht mehr voneinander getrennt – und dann sind zwei nicht mehr zwei, sondern eins.

*Chili, die älteste aller Kakaozutaten, provokant und sexy. Das Chilipraliné – dunkel, mysteriös, nicht süß und doch auch nicht herb – zergeht auf Ihrer Zunge – ein Aroma, das sich in Ihrem Mund voll entfaltet und Ihnen verführerisch in die Nase steigt. Ein kleiner Hauch von Chili-Pfeffer im Spiel gegen die Süße – erregend und abenteuerlich. Genießen Sie dazu einen schweren Rotwein aus dem Barrique.*

WISSENSWERTES

Das Würzen von Schokolade hat in Zentralamerika eine jahrtausendealte Tradition. Bereits die Mayas schätzten die kräftigende und aphrodisische Wirkung von Kakao mit einer Prise Chili. Trinkschokolade verleiht man seit ihren Anfängen mit gemahlenem Chili eine feurige Schärfe.

# Liebe

## WEISSE SCHOKOLADENTALER & ROSEN

Zeit mit Ihrer/m Liebsten zu verbringen, ist die beste Möglichkeit, Gefühle zu festigen und zu vertiefen. Wissen Sie gerade nicht, wo Sie Zeit hernehmen sollen, aber wissen genau, Zeit für Gefühle ist besonders das, was Ihre Beziehung gerade braucht? Außerdem – fanden Sie es nicht immer schon schwierig, Ihre Gefühle zu zeigen oder gar in Worte zu fassen? Seien Sie sich gewiss: eine Karte, die von Herzen kommt, ist mehr wert als ein teures Geschenk! Schreiben Sie Worte, die Liebe und Verehrung ausdrücken. Drücken Sie das aus, was Sie empfinden und was andere vielleicht für zu tiefschürfend halten, schenken Sie eine Schachtel Schokoladentaler mit Rosenblüten, und krönen Sie Ihre Überraschung mit einem Strauß frischer Rosen.

Kreieren Sie eine entspannte Atmosphäre, zeigen Sie Ihre Freude, Ihre Liebe oder Ihre Bereitschaft zur Versöhnung, überwinden Sie Spaltungen und Konflikte. Geben Sie einen gefühlvollen Impuls – einen, der emotional berührt und wohltut.

Während Sie gemeinsam von den weißen Schokoladentalern naschen, sprechen Sie über Ihre Gefühle, spielen Sie miteinander, lachen Sie, gehen Sie gemeinsam spazieren oder setzen Sie sich einfach still irgendwo hin und beobachten Sie die Wolken, wie sie vorüberziehen. Zur Liebe gehört es immer wieder dazu, Spannungen und Gegensätze zu überwinden. Achten Sie auf das Gemeinsame und Verbindende.

Eine neue liebevolle Annäherung und Begegnung beflügelt stets die Kraft der Leidenschaft, sie zündet etwas. Sie verlieben und verbinden sich neu. Ein zärtlicher Moment über einer Schachtel Pralinen kann eine romantische Stimmung noch unterstreichen und zusätzliche Genüsse verleihen. Das schafft ein Band zwischen Ihnen und führt Sie gut durch stressreiche Zeiten.

*Rosenblüten in weißer Schokolade berühren zart Ihre Sinne und verwöhnen Ihre Seele, wecken die Liebe und die Herzensqualitäten. Ihre Aromen dienen einem besonders sinnlichen Zauber. Wie die Liebe, süß und flüchtig zergeht dieser Geschmack auf Ihrer Zunge und bereitet Ihnen ein besonderes Liebesvergnügen.*

Sie drücken Ihre Lebendigkeit wahrhaft in Ihren Gefühlen aus! Und – Sie werden geliebt dafür! Wenn Sie sich jetzt einmal, Ihrem Herzen zuliebe – frei von allen Bedingungen – erlauben, Ihre Leidenschaft für Schokolade auszudrücken, dann sieht das so aus: »Ich spüre, wie sich still etwas in meinem Inneren bewegt. Allein schon der Gedanke an Schokolade, ›nimm mich‹, ›iss mich‹, ›genieß mich‹ – lässt mich schwach werden. Es liegt nicht allein an der Schokolade, schmelzend, dunkel und gehaltvoll; sondern es gibt da ebenso die weiche, manchmal nussige oder cremige Seite zu entdecken, die sich unter einem dunklen Äußeren verbirgt.«

Dass Sie sich von Ihrer langen, befriedigenden Beziehung aus den großen Schokoladenhimmeln abwenden, scheint mir unwahrscheinlich. Denn als treue Begleiterin hat die Schokolade Sie erfahrungsgemäß bereits ganz wunderbar an kalten Winterabenden gewärmt und an heißen Sommertagen erfrischt.

Sie denken an die üppige Sinnlichkeit, wenn die Zartheit der Schokolade Ihre Lippen berührt. Sie denken an die dunkle, samtweiche Süße, wenn sie auf Ihrer Zunge schmilzt. Am Abend, in der häuslichen Umgebung, wenn nur die köstlichste Schokolade Ihnen Frieden geben kann. Denn alles, was verboten ist, schmeckt sowieso am besten.

Ach – Sie seufzen schon, wie recht ich habe?! Gerade weiße Schokolade können Sie wie in einem Nebel von Zufriedenheit vertilgen. Und schon das bloße Wort „Praline“ beschwört Bilder von dicken, üppigen, zarten Vierecken voller süßer Versuchung in Ihnen herauf. Der erste zarte Biss trifft vielleicht noch auf ein wenig Widerstand in Ihnen. Aber dann, wenn Sie durch den Schokoladenüberzug dringen, kommt die totale Kapitulation: mit der Füllung schmilzt alles dahin, was Sie sich vorgenommen haben.

Und wenn Sie mal von schlechter Laune erfasst sind, wissen Sie aus Erfahrung genau, dass sie meist beim Verzehr von Schokolade im Nu verfliegt. An dieser Stelle ein guter Rat: wenn Sie dann aber nicht aufhören zu essen, mauern Sie sich nicht voller Gewissensbisse in Ihre Negativ-Gefühle ein! Vom Schokoladenexzess ist

Ihr Magen voll und ein bleiernes Gefühl macht sich in Ihnen breit – da hilft auch kein Jammern! Lassen Sie sich nicht ständig von den unwiderstehlichen süßen Köstlichkeiten verführen! Aber ja – ich weiß schon! Stets scheint es jemanden zu geben, der nur auf die Gelegenheit wartet, einem Schokoladenesser eine Vorlesung über die Schattenseiten der Schokolade zu halten!

Sie warten eher auf eine Empfehlung? Hier ist sie: Lieben Sie sich so, wie Sie sind. Seien Sie sich selbst der wichtigste Mensch in Ihrem Leben. Bringen Sie sich die Herzlichkeit entgegen, die Sie meinen, von anderen nicht zu bekommen. Schokoladenherzen sind der beste Weg dafür, um wieder zurück in Ihr Herz und zu Ihren Gefühlen zu finden. Und sie sind gut für die Stimmungen an besonders düsteren Tagen der Woche. Mit diesen prallen Herzen in Schokolade hat die Natur einen Weg gefunden, die Schwärze dieser Tage wettzumachen, Sie zu trösten, und Sie wieder an alle Herzensqualitäten zu erinnern, die Sie in jedem Moment Ihrem Leben abgewinnen können. So klein, so einfach und so unschuldig.

*Schokoladenherzen – Achtung! Bereits bei kleinen Portionen riskieren Sie eine „Schokoladen-Überdosis":*

*helle, dunkle und weiße Schokolade – eine wahre Kalorienbombe! Sie werden sehen: viel zu schnell schmelzen diese Schokoladenherzen dahin, süß, herb oder vanillig – und verschwinden auf geheimnisvolle Weise, während Sie sich bereits nach mehr sehnen …*

# Lust auf was anderes

HOLUNDERBLÜTENMARZIPAN

Das Gedächtnis ist wie ein kleiner Computer. Wir speichern alle wichtigen Erinnerungen auf der Festplatte. Blicken Sie manchmal auf Vergangenes? Bemerken Sie, dass Sie Vergangenes nicht festhalten oder wiederholen können? Werden Sie nicht traurig deswegen. Glauben Sie an sich, und glauben Sie fest daran, dass alles in Ihrem Leben einen Zweck erfüllt. Es gibt so viele Möglichkeiten, Ihr Leben aufregend zu gestalten und in Bewegung zu halten. Ändern Sie etwas in Ihrem Alltag! Beginnen Sie gleich morgens nach dem Aufstehen. Verbannen Sie als erstes ein ganz bestimmtes Outfit aus Ihrem Kleiderschrank, von dem Sie wissen, dass es nicht Sie zeigt und spenden Sie es für karitative Zwecke. Schaffen Sie Platz für Neues. Machen Sie sich klar, welches Gefühl Ihnen diese Kleidung gibt. Wie erleichternd, sie endlich loszuwerden!

Probieren Sie ebenso einen neuen Weg zu Ihrer Arbeit aus. Kaufen Sie Ihr Frühstücksbrötchen bei einem anderen Bäcker. Schon Kleinigkeiten bringen neuen Schwung in Ihren Alltag. Achten Sie auf alles, was neu ist. Das verändert Ihre Sichtweise, und Sie gehen mit frischer Energie durch den Tag.

Außerdem macht es großen Spaß, wieder einmal etwas Neues zu lernen. Belegen Sie einen Schokoladen-Workshop! Machen Sie eine neue Erfahrung für alle Sinne! Denken Sie mal darüber nach, während Sie in die knackige Schokoladenschicht dieses köstlichen Holunderblütenmarzipans beißen. Der Duft von Schokolade, während Sie selbst Pralinés in flüssige Schokolade tunken, er ist süß, sinnlich und aufregend und wird auf Sie wirken. Er wird Sie fröhlich und übermütig machen. Und – Sie werden mehr wollen, viel mehr. Ein schöner Nebeneffekt: Ob im Tanzkurs oder Schokoladenworkshop – Sie werden überall neue, spannende Leute kennen lernen.

*Greifen Sie zu! Holunderblütenmarzipan. Der Reiz von Sinnlichkeit. Nur ein kleiner Bissen dieser köstlichen Kreation, und Sie werden süchtig. Besonders dieser Schmelz, der Ihnen so langsam auf der Zunge zergeht und Glücksgefühle macht!*

# Neues wagen

NOUGAT BARRETS

Sie lieben Nougat und damit gehören Sie zu den Menschen, die entschlossen Ihre Zukunft selbst in die Hand nehmen. Sie zählen eher zu dem ruhigen Typus, der Vieles mit sich selbst abmacht. Manchmal jedoch fühlen Sie sich hilflos Ihren Stimmungen ausgesetzt. Dann können Sie auf andere Menschen sogar unzuverlässig wirken, obwohl Sie das nicht sind. Plötzlich werden Sie ganz unruhig. Ändern Ihre Meinung. Springen mit Ihren Gedanken hin und her, von Thema zu Thema. Oder planen Sie gar schon wieder die nächste Reise? Luft, Auto oder Schiff? Vielleicht machen Sie ja auch gerade mal wieder die Modeläden unsicher?

Wie wäre es, wenn Sie sich jetzt mal ganz in die Gegenwart stupsen? Den Boden unter Ihren Füßen spüren! Welche Dinge brauchen in Ihrem gegenwärtigen Leben mehr Aufmerksamkeit? Lassen Sie sich, in der Reihenfolge von Wichtig bis Gering vier Neuerungen einfallen, die Sie gerne vornehmen möchten in Ihrem Leben. Die Vier ist die Zahl der Form, sie gibt Stabilität. Eben das Fundament, auf dem Sie Ihr individuelles Wesen aufbauen können. Vielleicht ist das etwas, was Sie bisher stets aufgeschoben haben? Oder eine Kleinigkeit, die Ihnen ewig zu lästig erschien? Einer ungeliebten Freundin endlich Nimmerwiedersehen sagen, was Sie sich bisher nicht trauten? Mit jeder Entscheidung gewinnen Sie an Klarheit und Lebendigkeit. Sie können stets die richtige Person zur richtigen Zeit am richtigen Ort sein, in Kontakt mit sich und anderen.

Wagen Sie sich jetzt an vier neue Schritte:

Ich würde gerne ______________________________

Ich würde gerne ______________________________

Ich würde gerne ______________________________

Ich würde gerne ______________________________

Wählen Sie sich eine kleine Sache aus Ihren vier Ideen aus, und machen Sie sie zum Ziel dieser Woche. Und wenn Sie sie vollbracht haben, belohnen Sie sich mit diesen vier ganz besonderen

Pralinés. Das fördert genussvoll die praktische Erfahrung.

*Diese Komposition besteht aus Nougat mit einem dunklen Schokoladenüberzug. Knackige Schokolade und weicher Nougat bilden ein köstliches Zusammenspiel: schmelzend, nussig, süß. Es gibt nichts Vergleichbares zu einer Nougatpraline. Also genießen Sie sie.*

WISSENSWERTES

Es war Napoleon, der die Italiener zeitweise vom Kakaoimport abschnitt. Als Meister darin, Probleme ins Positive zu wenden, nahmen die Italiener ihre besten Haselnüsse, um den Kakao zu »strecken«. Sie schufen eine fein vermuste Masse aus gerösteten, gemahlenen Haselnüssen, Zucker und Kakao: Gianduia, den feinsten Nougat! So kam es, dass der Nougat erfunden wurde.

# Ruhe

## SCHOKOLADENTRÜFFEL & WHISKY

Sie sind ein Mensch, dem es eine Freude ist, mit den Ihnen anvertrauten Werten sorgsam, zuverlässig und konsequent umzugehen. Dazu lieben Sie eine aufbauende Atmosphäre und ein solides Umfeld. Das Beständige ist eben ein Rahmen, in dem Wertvolles erreicht und geschaffen wird. Sie setzen auf Qualität, und dabei vor allem auf das Vertraute und Bewährte. Als Mensch von Tatkraft handeln Sie mit praktischen Fähigkeiten. Aber Ihre Stärken liegen ebenso im Hegen, Pflegen und Bewahren. Die Menschen holen sich gerne Rat oder Hilfe bei Ihnen, denn Sie geben Halt und Sicherheit. Als erfahrener Realist bewältigen Sie eben bodenständig alle Anforderungen der modernen Wirklichkeit.

Hektik und äußere Ziele sollten Sie gerade jetzt nicht beeindrucken. Nehmen Sie sich einen Abend der Ruhe. Es ist Zeit, dass Sie zu sich selbst zurückzukehren. Strecken Sie sich, denn das hilft, Ihren Körper von Stress zu befreien.

Genießen Sie mit klassischer Musik Schokoladentrüffel mit ihrer reichhaltigen Ganache aus Butter und köstlicher dunkler Schokolade sowie ein Glas Whisky dazu. Das weckt und nährt Ihre Lebensgeister aufs Neue. Schokolade und Whisky mögen sich. Der milde, weiche Single Malt Whisky von rundem Aroma harmoniert wunderbar mit den dunklen, gehaltvollen Schokoladentrüffeln.

Nehmen Sie zuerst ein Schlückchen Whisky, der elegant durch den Körper strömt und die Glieder entspannt, und lassen Sie dazu einen Schokoladentrüffel auf Ihrer Zunge zergehen. Zusammen umschmeicheln Sie sie eine Weile, und wärmen Sie einen Augenblick. Die Stille des Abends durchdringt Sie, und die spiegelgleiche Energie einer sternenklaren Nacht bringt Ihnen Tiefe, Frieden und Verstehen. Sie gehen nach Innen, und tauchen in die innere Stille so tief ein, dass sie der Stille des Universums begegnen.

*Für den Mann; es sei denn, Sie sind eine Frau, die den Hauch eines guten Whiskys, der sanfte geistige Klarheit bringt, zu schätzen weiß. Die Variante für die Dame: Probieren Sie einen alten, bernsteinfarbenen Armagnac, einen fruchtig-delikaten Bas-Armagnac oder einen Portwein.*

# Sei wach

## WILDKRÄUTERTART ZARTBITTER

Bleiben Sie nicht in einer schwarzen Wolke von plötzlicher Traurigkeit hängen. Gerade wenn Sie sich wieder einmal von den äußeren Umständen bestimmt und herumgestoßen fühlen, stellen Sie sich die Frage: »Was will ich jetzt eigentlich vor mir selbst und vor anderen verbergen?« Denn das, was Sie sich innerlich so unsicher fühlen lässt, veranlasst Sie immer wieder dazu, aus Ihrer Unruhe und Angst heraus zu handeln. Hier ein Tipp: stellen Sie sich Ihrem inneren Schatten. Wenn Sie den Schatten in sich selbst finden und erlösen, werden Sie ihn nicht mehr im Außen oder in anderen verurteilen, verfolgen oder bekämpfen. Sie werden automatisch liebevoller.

Bemerken Sie in diesem Augenblick, dass Sie gerade wieder einmal zum freiwilligen Opfer Ihrer Lebenssituation werden? Ja? Dann nehmen Sie jetzt einmal das Ruder Ihres Lebens mutig selbst in die Hand! Sie besinnen sich jetzt einfach einmal auf Ihre schöpferischen Kräfte. Fördern Sie sich.

Lenken Sie Ihre Aufmerksamkeit auf Ihre Fähigkeiten und Chancen. Glauben Sie an sich.

Schließen Sie Ihre Augen in Erwartung eines schönen Erlebnisses, und stellen Sie es sich bildlich vor. Befürchten Sie wieder ein Scheitern, dann stellen Sie sich genau das Gegenteil vor: alles, was Sie sich ersehnen, erfüllt sich! Machen Sie das ganz anschaulich – malen Sie sich die Details aus, lassen Sie eine kleine Filmszene Ihres Lebens ganz eindringlich vor Ihrem inneren Auge erscheinen. Öffnen Sie sich dabei für jene Farben und die Helligkeit, die hinzukommt und das schöne Gefühl. Auch wenn Sie die Bilder nicht so genau sehen, Sie wissen einfach, was, wie und in welcher Reihenfolge sich etwas für Sie entwickeln wird.

Als Krönung spüren Sie sich dazu jetzt in einen Geschmack ein, den Sie besonders mögen, dunkle Schokolade oder Kaffee. Machen Sie sich selbst ein Geschenk – genießen Sie jetzt auf der Stelle diese herrliche handgefertigte Wildkräutertart Zartbitter. Beginnen Sie mit den Lauterfahrungen, dem herrlichen Knacken dieser Schokolade, wenn Sie das erste Stück abbrechen. Bestimmen Sie die Größe Ihres Stückchens selbst! Dann lassen

Sie Ihren Tastsinn folgen, fühlen Sie die glatte, ebenmäßige Beschaffenheit dieser von Hand gegossenen Schokolade, und dann – lassen Sie sie auf Ihrer Zunge zergehen. Nehmen Sie wahr, wie sich zunächst der leicht erdige Geschmack der Schokolade in Ihrem Mund entfaltet. Lassen Sie sich so weit darauf ein, dass sich die Geschmacksempfindung wirklich einstellt. Spüren Sie, wie Sie das beruhigt und Sie sich wieder selber fühlen und näher kommen? Und dann öffnen Sie sich schließlich für das zarte Aroma der Blüten, das Sie wie ein flüchtiger, berauschender Duft von Lavendel und Ringelblumen inspiriert.

Ist alles dies in Ihren fünf Sinnen lebhaft gegenwärtig? Gut! Dann öffnen Sie die Augen. Seien Sie überrascht. Sie selbst und die ganze Welt erscheinen so viel lebendiger! Die Farben sind leuchtender, die Luft pulsiert geradezu. Die Außenwelt wird der kleinen Verwandlung Ihrer Innenwelt automatisch folgen.

Machen Sie Ihr Wetter selbst! Es steht in Ihrer Macht, die Sonne scheinen zu lassen. Seien Sie offen für Zeichen und Wunder – von außen wie von innen.

Leben heißt genießen und gestalten.

*Die Schokoladentart »Wilde Schokolade« ist ein besonderer Genuss – zart herbe, dunkle Schokolade mit verschiedenen Kräutern und Blüten, zum Teil aus Wildkräutersammlungen. Ein leicht erdiger, sehr ursprünglicher Geschmack von Schokolade, freundlich zu den Aromen von Ringelblume und Lavendel.*

*Zu dieser Schokoladentart passt wunderbar eine Tasse Ihres Lieblingskaffees.*

# Selber machen

## MANDELSPLITTER

Mit Pralinés aus Ihrer eigenen Fertigung lassen Sie den Alltag hinter sich und konzentrieren sich ganz auf diesen Moment. Ihre Hände sind beschäftigt – und Mandelsplitter zu machen, ist so einfach. Indem Sie Ihre Hände aus Schokolade kleine Köstlichkeiten fertigen lassen, schaffen Sie ein von Hand gefertigtes Leben.

Sie lieben es, mit Ihren Gedanken, ihrer ausgeprägten Gefühlswelt und Ihrem Körper in Bewegung zu sein. Diese Art Freiheit erfordert Handeln – also handeln Sie!

Falls Ihnen gerade die Schattenseite dieses Zustandes zu schaffen macht und Ihnen alles langweilig und monoton erscheint, dann wandeln Sie Ihre schlechten Gedanken und Gefühle in Ihrem Herzen. Unternehmen Sie etwas, um Ihre Verhältnisse zu ändern. Werden Sie kreativ!

Es ist so einfach, kleine Köstlichkeiten für jeden Geschmack zu fertigen. Sie brauchen kein Meisterchocolatier sein oder sich teure Pralinenförmchen kaufen, um tolle Pralinés selbst zu machen: Mandelsplitter, exquisite, im Mund zergehende Schokoladen-Trüffel, Marzipan-Konfekt, gehaltvolle Vanilleecken. Pralinen sind immer ein kleines Stückchen himmlischer Genuss.

Erwerben Sie ein Buch mit köstlichen Schokoladenrezepten zum Selbermachen! Aus Schokolade kleine Köstlichkeiten zu fertigen und die herrlichsten Schokoladenkreationen selbst herzustellen, wird wieder Ihre volle Hingabe und all Ihre innere Motivation wecken. Jede einzelne Praline wird Ihr ganz persönliches kleines Kunstwerk werden, auf das Sie stolz sein können. Mit selbstgemachten Konfektspezialitäten kann sich keine gekaufte Praline messen.

Schon wenn Sie über Pralinés sprechen, läuft Freundinnen und Freunden von Schokolade das Wasser im Munde zusammen. Aus eigener Herstellung sind diese herrlich süßen Delikatessen – egal ob Sie sie zum Selbstessen oder Verschenken herstellen – einfach unschlagbar. Sie können sie ganz genau auf die jeweiligen Vorlieben abstimmen. Zugegeben – es erfordert ein gewisses Equipment, Know-how und etwas Zeit. Aber mit ein paar Informationen und Rezepten werden Sie zu Ergebnissen kommen, die den Aufwand lohnen!

Schokolade, Mandelstifte, ein bisschen Zeit, und Lust auf Gäste (oder Lust auf Komplimente) – das ist alles, was Sie brauchen. Sofort entwickeln Sie wieder ein lebhaftes Interesse an dem, was um Sie herum passiert. Sowohl in Ihrem eigenen Leben, als auch im Leben anderer. Sie lieben einfach dieses Gefühl innerer Freiheit und Flexibilität.

Der Duft leicht gerösteter Mandelstifte ... der Geruch und das Geräusch der schmelzenden Kuvertüre ... es ist ein wenig wie Magie. Dieser erdige Geruch von Schokolade, duftend nach dem schwarzen Gold der Maya, absolut berauschend. Während die Schokolade schmilzt, beginnt sie zu glänzen, eine sanfte Duftwolke erhebt sich, und nun haben Sie die Speise der Götter in flüssiger Form. Schokolade regt Ihre Phantasie an, macht Vergnügen – und einfach glücklich.

Ein Ruf durch Ihre Wohnung oder ein kleines Telefonat genügt:

*»Möchte vielleicht jemand frische Mandelsplitter kosten? Ich habe gerade welche gemacht.«*

## WISSENSWERTES

Im Jahre 1671 ließ ein französischer Küchenjunge eine Schüssel mit Mandeln zu Boden fallen. Der wütende Koch wollte ihm eine Ohrfeige geben – und schüttete dabei den Inhalt eines Topfes mit heißem, gebranntem Zucker über die Mandeln. Währenddessen wartete der Comte de Plessis-Praslin, Minister des Sonnenkönigs Ludwig, des XIV. auf seinen Nachtisch. In seiner Verzweiflung servierte der Leibkoch die mit der Zuckermasse überzogenen Mandeln. Der Marschall war entzückt und eine neue Süßigkeit geboren. Nach ihrem ersten Genießer erhielt sie den Namen »Praliné«.

## REZEPT: MANDELSPLITTER

Backofen auf 180 °C vorheizen. 100 g Mandelstifte gleichmäßig auf einem mit Backpapier ausgelegten Backblech verteilen und mit 2 gestr. Eßl. gesiebtem Puderzucker bestäuben. In den Backofen schieben. Die Mischung mehrfach wenden, und in 10 Minuten goldbraun rösten. Herausnehmen und abkühlen lassen.

150 g im Wasserbad temperierte Halbbitter-Kuvertüre (BIO) bereitstellen. Jeweils einen Teelöffel von der Mandelmischung abnehmen, in die Kuvertüre tauchen, abtropfen lassen und mit einem zweiten Teelöffel als kleine Häufchen auf Backpapier setzen. Sie können auch Vollmilch-Kuvertüre (BIO) nehmen.

# Selbstverwirklichung

## CAPRICE

Der versteckte Sinn des Lebens, den Sie suchen – erkennen Sie ihn in sich selbst! Nehmen Sie sich Zeit für sich, für Schokolade und Pralinen und begeben Sie sich genießerisch ein wenig in Ihr Inneres. Greifen Sie zu: Caprice – eine besonders edle Praline, gefüllt mit Vanillesahne und knusprigen Krokantstückchen, die Ihre Zunge verwöhnen.

Die beste Möglichkeit, jeglicher Tretmühle zu entkommen, besteht darin, mit schöpferischer Begeisterung kreativ zu werden. Sie würden nicht zu dieser einzigartigen Praline greifen, hätten Sie nicht das Gefühl, eigentlich mal etwas ganz anderes gewollt zu haben. Offenbar gibt es unklare oder unerfüllte Ambitionen in Ihrem Leben. Kann es sein, dass Sie die irgendwann einmal begraben haben? Aus rationalen Gründen, weil anderes scheinbar wichtiger war? Suchen Sie sofort nach dem roten Faden in Ihrem Leben.

Nun sagen Sie aber bitte nicht, der sei Ihre Orientierung nach Sicherheit. Schauen Sie, welche Anteile Ihrer begrabenen Träume sich gerade jetzt verwirklichen lassen, vielleicht sogar in Ihrer aktuellen Situation. Schlüpfen Sie in Ihre eigene Lebensgeschichte hinein. Erforschen Sie: woher kommen Sie, was wollen Sie, und wie kann Ihre Reise weitergehen? Gehen Sie danach, was Ihnen Freude macht. Entwickeln Sie klare Vorstellungen.

Haben Sie niemals Angst, etwas auszuprobieren. Ergreifen Sie jetzt die Initiative! Das geht auch, ohne gleich alles einzureißen. Selbst in Ihrem Beruf, den Sie vielleicht nicht so sehr lieben, können Sie Fähigkeiten an sich entdecken, von denen Sie gar nicht wussten, dass Sie sie haben. Bringen Sie neue Ideen ein. Stellen Sie sich den Aufgaben, die vor Ihnen liegen. Glauben Sie an sich! Sie können gerade jetzt auch Schwieriges meistern. Treffen Sie eine Entscheidung: »Ja, ich kann es schaffen!« Ihre Aufgabe liegt darin, Ihre Wirklichkeit zu gestalten und zu meistern, indem Sie sich selbst die E r l a u b n i s geben, sich zu e n t f a l t e n.

*Caprice – ein inspirierender Genuss: Sie fühlen sich stärker, lebendiger, nehmen Geräusche und Gerüche intensiver wahr, sehen Farben und Formen viel deutlicher. Sie spüren Ihren ganzen Körper, Ihre Haut, Ihren Mund, Ihre Kehle und Ihre empfindliche Zunge … plötzlich öffnen sich Ihnen Türen, Fähigkeiten, Talente, Möglichkeiten. Inspiriert geben Sie wichtige Impulse und setzen jetzt Akzente, denn Sie verfügen über viel Geschick und jede Menge Talente, Ihre Situation ausgesprochen clever zu meistern.*

# Sinnlichkeit

## MOUSSE-AU-CHOCOLAT

Tricksen Sie sich manchmal ein bisschen aus? Sie beschäftigen sich ständig, um ja nicht zur Ruhe zu kommen? Warum? Weil das die beste Möglichkeit ist, vor unangenehmen Gefühlen und Gedanken zu fliehen! Unterliegen Sie nicht diesem Trugschluss!

Hektik und Stress verhindern oft neue Erfahrungen. Sie werden merken, dass Stress sich nicht so einfach abschütteln lässt. Sobald Sie Langsamkeit erzwingen wollen, fühlen Sie sich wieder unter Druck.

Beginnen Sie einfach, kleine sinnliche Pausen einzulegen. Ein Dessert aus Mousse au Chocolat eignet sich wunderbar dafür. Das köstlich-cremige Aroma echter Schokolade in Ihrer Mousse verlangsamt Ihr Erleben ganz automatisch, während es auf Ihrer Zunge zergeht. Und der duftige Schaum hebt Sie ein klein wenig vom Boden ab, lässt Sie schweben.

Nehmen Sie Abstand vom ewigen Abgehetzt-Sein oder der Ungeduld. Löffeln Sie eine Mousse au Chocolat, und beobachten Sie sich. Finden

Sie genießerisch löffelnd heraus, in welchen Situationen Sie besonders gestresst sind, was Sie dann gerade tun, wie Sie es tun und wie Sie sich dabei fühlen. Verstecken Sie sich nicht mehr vor unangenehmen Gefühlen, sondern erlauben Sie ihnen da zu sein, dann verschwinden sie mit der Zeit. Versuchen Sie nicht, etwas zu ändern oder sich zu verurteilen. Beobachten Sie nur. Aus Ihrer Beobachtung wird dann eben *durch* Ihr Beobachten Verständnis. Dann tritt Veränderung ganz spontan und von selbst, ohne Ihr Zutun ein, und Sie entspannen sich.

Lieben Sie sich ab jetzt mit Ihren Fehlern und Ihrer Unvollkommenheit. Geben Sie sich wundervolle kleine Mousse au Chocolat-Pausen und genügend Zeit, Ihre Erfahrungen im Alltag zu verarbeiten und daraus zu lernen. Schalten Sie um auf die Mousse au Chocolat-Momente. Sehen Sie in jeder Sekunde die Chance, diesen Augenblick auszukosten und alle Ihre Sinne dabei offen zu halten.

*Diese wunderbar süße Versuchung ist eine Sünde, hat viel Kalorien, aber jeder Löffel davon ist herrlich, und genau so soll Schokoladenmousse auch sein.*

# Süße Lust

## VOLLMILCHSCHOKOLADENTAFEL

Da ist es wieder: dieses starke Verlangen nach Schokolade. Sie holen die Tafel aus dem Schrank, und Sie versuchen sich abzulenken, indem Sie sich sagen: »Du brauchst ja nur *ein* Stückchen davon zu essen!« Unterdessen reißen Sie die lang erwartete, im Mund zerschmelzende Milchschokoladentafel auf. *Ah.* Eigentlich hatten Sie sich vorgenommen, die Schokolade einzuwickeln und wieder in den Schrank zu räumen. Aber nun haben Sie schon einen Riegel abgebrochen, in Stückchen geteilt, eines davon gegessen und nehmen das nächste in die Hand. »Zwei werden mich auch nicht umbringen«, denken Sie sich. Sie legen es in Ihren Mund und spüren, wie es warm wird und schmilzt, während Sie es auf eine Seite gleiten lassen, um es zu kauen. Das zweite Stück Schokolade schmeckt genauso gut. Da die Tafel noch so daliegt, beschließen Sie, noch ein paar mehr zu essen, beginnen ein Buch dabei zu lesen oder machen noch irgendetwas. Schließlich stellen Sie fest – es liegt einzig noch das goldene Stanniolpapier neben Ihnen! Ihr Gewissen schaltet sich ein, und Sie grollen.

Befreien Sie sich von Ihren Schuldgefühlen. Erforschen Sie Ihr Schokoladenverhalten. Schokolade fordert Sie geradezu auf: »Ich verführe dich, iss mich auf.« Der Ausweg: Setzen Sie sich Ziele! Bestimmen Sie eine Struktur für Ihren Tag, so systematisch wie die Riegel Ihrer Schokoladentafel, und halten Sie sie ein. Schreiben Sie in großen Buchstaben Ihre Ziele auf eine Notiztafel: 30 Minuten joggen – fünf Tage die Woche; 5 Gläser Wasser trinken – jeden Tag; 3 Dinge pro Tag verwirklichen – auf die ich echt Lust habe; 4 Stückchen Schokolade am Tag – einen Riegel!

Das ist ein guter Plan. Nehmen Sie sich genau das vor. Heften Sie diese Notiz gut sichtbar in Ihrer Wohnung hin, und lesen Sie sie sich einmal am Tag laut vor. Ihr Körper wird wieder in Form kommen, Sie werden mehr in Ihrer Arbeit leisten und das finden, was Ihnen wirklich entspricht.

*Kosten Sie den* ***positiven*** *Einfluss der Schokolade auf Ihr Wohlbefinden aus. Nehmen Sie einen Café Crème zu Ihrer Schokoladenpause dazu! Führen Sie erst den Kaffee und dann die Schokolade zur Nase. Kosten Sie danach beide einzeln nacheinander. Als* *nächstes nehmen Sie ein kleines Stückchen Schokolade in Ihren Mund, lassen es anschmelzen, und trinken einen Schluck Kaffee dazu. Zum Schluss tauchen Sie ein Stückchen Schokolade in den Kaffee und lassen es von dessen Wärme anschmelzen, bevor Sie es auf der Zunge zergehen lassen. Köstlich!*

# Süße Tabus

## SCHOKOLADENFONDUE

Sie kennen den Satz: »Hier benimmt man sich nicht daneben, das tut man einfach nicht.« Der Wirklichkeit zum Trotz zählen Sie jetzt einmal fünf Dinge auf, die Sie *nicht* tun dürfen: z. B. Ihren Chef umbringen, in der Küche laut schreien, auf der Straße nackt herumlaufen, eine Szene machen, Ihren Job kündigen. Drehen Sie jetzt spontan Musik auf und tanzen Sie, agieren Sie es aus.

Es lohnt sich nicht, dauernd Schuldgefühle, Entschuldigungen oder Reue wie eine Last mitzuschleppen.

Was haben Sie getan? Geben Sie gerade jetzt nicht klein bei und verschwinden. Planen Sie eher etwas Sündiges. Laden Sie Freunde ein, die Ihr Vertrauen genießen. Planen Sie ein Essen, und servieren Sie zum Dessert Schokoladenfondue.

Entdecken Sie diesen Schokoladenbrunnen, bei dem Obststückchen ihren Weg an das Ende einer Fonduegabel finden, das Sie in eine delikate

Schokoladensauce dippen. Sie wird auf Ihr Kinn tropfen, sich auf Ihre Lippen legen, Ihre Zunge und Ihre Geschmacksknospen entzücken, und Sie – bevor Sie sie schlucken – in den siebten Himmel schicken.

Geben Sie die in kleine Stücke zerbrochene Zartbitterschokolade, einen etwa gleichen Anteil von flüssiger Sahne und das Mark einer Vanilleschote in einen Topf. Erhitzen Sie die Mischung vorsichtig, und rühren Sie sie dabei bis die Schokolade geschmolzen und mit der Sahne verbunden ist. Nehmen Sie die Schokoladencreme vom Herd, und schmecken Sie sie mit einem Schuss Weinbrand ab. Füllen Sie jetzt diese Mischung in einen Keramiktopf und setzen ihn bei Tisch auf einen kleinen Rechaud. Geben Sie eine Auswahl Fruchtstückchen auf einen großen Teller, und stellen Sie ihn in die Mitte des Tisches, damit jeder sich selbst bedienen kann. Probieren Sie auch exotische Früchte, wie die Physalisfrucht!

Nun beginnt das gesellige Beisammensein beim Verzehr über dem offenen Feuer. So müssen Früchte ursprünglich gedacht gewesen sein: süß und saftig, umhüllt von edler Schokolade, ... und dieser elementar verführerische Duft von

Schokolade … und das Vergnügen, vom Finger abzulecken…

*Sofort wird das Grau des Tages von leuchtenden Mandarinen, roten Erdbeeren und glänzenden Physalis verdrängt. Der Geschmack von Schokolade ist ein sinnliches Vergnügen, das in derselben Welt existiert wie Sex. Nach alter Sitte muss man sein Gegenüber küssen, wenn das Fruchtstückchen in die Schokolade fällt.*

## REZEPT: SCHOKOLADENFONDUE

500 g Früchte (Erdbeeren, Physalis, Birnen, Äpfel, Mangos, u. ä.) vorbereiten, die kleinen ganz lassen, die größeren in Scheiben oder Stückchen schneiden.

200 g Sahne und das Mark einer Vanilleschote zum Kochen bringen und sanft über 250 g gehackte dunkle Schokolade (Kakaogehalt mind. 60 %) gießen. Mit einem Holzlöffel spiralartig durchrühren. Etwas Weinbrand hinzugeben. Den Fonduetopf mit der Schokoladencrème füllen und auf den Fonduebrenner stellen. Die Hitzezufuhr so regeln, dass die Schokolade heiß bleibt, jedoch nicht zu kochen beginnt. Die Früchte auf Schaschlikstäbchen oder mit einer Fonduegabel aufspießen, kurz in die Crème eintauchen und essen.

# Träume

## TORTEN TORRONE

Dieser süße Traum ist die Komposition einer schaumig aufgeschlagenen, hellen Masse aus Zucker, Eischnee und Honig, kandierten Früchten, Mandeln, Haselnüssen und Pistazien. Zart, weich und bunt, hat weißer Nougat etwas Kindliches, Naives, Übermütiges.

Sie glauben, das Leben müsse mehr zu bieten haben. Da haben Sie Recht! Was ist denn Luxus für Sie? Ist nicht Luxus Zeit zu haben, gesund zu sein und das Leben mit Freuden aus vollen Zügen zu genießen?! Luxus sind aber auch Dinge, von denen wir träumen und die wir uns dann erfüllen. Wie vervollständigen Sie diesen Satz: »Echter Luxus wäre es, wenn …«?!

Träumen Sie schon lange von etwas Bestimmten? Verwirklichen Sie es! Egal, wie voll Ihr Terminkalender ist. Sie müssen kein schlechtes Gewissen haben. Träumen. Das klingt so einfach, aber manchmal stehen da Legionen von Gedanken, Ängsten, Verpflichtungen bereit, um das zu verhindern. Wie Wolken am Himmel. Verändern

Sie Ihren Blickwinkel, weg von der Konzentration auf die Wolken und hin zur Konzentration auf den leeren, wolkenfreien Himmel. Also heraus aus der Identifikation mit Gedanken, Ängsten und Zweifeln – lassen Sie die vorüberziehen wie Wolken – und hinein in die Freude der freien Momente: träumen Sie in den blauen Himmel hinein. Es ist in der Tat so einfach. Nur eine kleine Änderung der Perspektive. Entscheidend ist, dass Sie es wirklich wollen.

Setzen Sie sich klare Ziele und stecken Sie sich neue Ausrichtungen. Folgen Sie Ihrer Intuition und tun Sie das, was sich »richtig anfühlt«, dann kann nichts schiefgehen. Ihre Handlungen mögen anderen oder sogar Ihnen selbst »närrisch« vorkommen, wenn Sie sie rational und logisch erklären wollen. Bleiben Sie einfach neugierig auf das Leben, und lassen Sie sich immer wieder neu ein.

Sie haben einen inneren Engel als Führung. Meist flüstert diese Stimme nur, deshalb zögern Sie manchmal und wissen nicht, ob Sie sie richtig verstanden haben. Sie ist wie das Licht. Sobald es hell ist, wissen Sie, wo die Tür ist. Dann rennen Sie nicht mehr mit dem Kopf gegen die Wand, nein, Sie stehen einfach auf und gehen hinaus. Durch die offene Tür.

*Torrone, der Zauber eines süßen Traumes. Weißer Nougat mit kandierten Früchten für den Engel in Ihnen. Dunkler Nougat mit Schokolade für den Teufel in Ihnen. Sie wissen schon, welchen Sie wann brauchen.*

# Trost

## KANDIERTE ORANGE IN SCHOKOLADE

Nach schlechten Nachrichten, einem Schreck oder einem knapp entgangenen Unglück, und ganz besonders, wenn Sie gerade Trost brauchen, geben kandierte Orangen in Schokolade Balance für Ihre Seele und bewirken mit ihrer Frische schnell Erholung und Aufmunterung. Orangen wärmen und streicheln Ihre Seele. Sie schalten die Sonnenenergie in Ihnen an. Auf einmal haben Sie wieder einen Blick für das Leben, Ihr Strahlen kehrt zurück. Innerlich sonnig durchwärmt gehen Sie viel munterer und mit neuem Mut gestärkt auf andere zu. Sie spüren neue Lebensfreude.

Halten Sie besonders auch nach einem warmherzigen Menschen an Ihrer Seite Ausschau, der Sie in den Arm nimmt, zuhören kann und Ihnen Zuspruch gibt. Vertrauen Sie sich an. Sagen Sie dieser lieben Person, wie verlassen Sie sich womöglich fühlen und welche große Angst oder Wut Sie vielleicht auch haben. Wenden Sie sich an jemanden, der sich Zeit nimmt für Sie und Ihnen gerne zuhört. Tröstlich ist auch immer zu wissen, dass es anderen Menschen manchmal genauso geht wie Ihnen selbst.

Umsorgen Sie sich zusätzlich selbst mit dem, was Ihnen gut tut. Vielleicht kochen Sie ja auch gerne, wenn Sie traurig sind. Oder bitten Sie jemanden, etwas gekocht zu bekommen. Auch so kommen Sie wieder in einen Lebenskontext hinein, in dem es warm ist.

Machen Sie einen Spaziergang. Die Natur kennt das Werden und Vergehen. Lassen Sie sich von den Sonnenstrahlen durchwärmen. Bewegen Sie sich. Das bringt Sie wieder in Gang und ermutigt Sie dazu, weiterzugehen. Verzeihen Sie und lassen Sie los. Neue Ziele, die es *wert* sind, werden in Ihnen auftauchen.

Vielleicht haben Sie auch gerade einen speziellen Sinn für die Nöte anderer – und sind ein wunderbarer Tröster? Dann wissen Sie jetzt, was zu tun ist. Und vergessen Sie nicht, kandierte Orangen in Schokolade mitzubringen.

*Kandierte Orange mit einer harten Zuckerhülle, in dunkle Schokolade getunkt, erfüllt Sie mit filigranen zarten Frucht- und Blütenaromen und reiner Sonnenkraft. Lassen Sie die Dinge zur Ruhe kommen.*

# Tu es gerne

## ERDBEERZIPFEL & ERDBEERSTÜCKE

Durften Sie sich auch als Kind beim Essen der ersten frischen Erdbeeren im Jahr etwas wünschen? Kosten Sie Ihren ersten himmlisch frechen Erdbeerzipfel, machen Sie jetzt sofort etwas, das Sie lieben, und erfüllen Sie dabei Ihren Wunsch: »Es gelingt mir!« Vergessen Sie einfach mal Zeit und Ort, lassen Sie alles in den Hintergrund treten, und sehen Sie sich selbst! Wichtig ist nicht, *was* Sie machen. Bringen Sie sich einfach nur ganz und gar selbst ein, und vor allem: öffnen Sie sich dem, was durch Sie zum Ausdruck kommen will.

Wussten Sie eigentlich, dass Erdbeeren seit jeher das Symbol für Demut und Bescheidenheit sind? Und wissen Sie, warum manche Menschen besonders gut sind in dem, was sie tun? Sie praktizieren etwas, was sie gerne tun, unermüdlich! Deshalb sollten Sie eine Fertigkeit, die Ihnen wichtig ist, *häufig* ausüben. Das ist eine der besten Möglichkeiten, Ihre Fähigkeiten zu verfeinern und schließlich zu meistern. Außerdem – je besser Sie werden, desto mehr Spaß wird es Ihnen machen.

Erdbeeren wachsen als kleine Teams an ihrer büschelförmigen Pflanze! Also arbeiten Sie mit anderen zusammen. Alle haben dabei gemeinsam am Vergnügen teil, das dieses gemeinsame Schaffen mit sich bringt!

Erdbeerpflanzen bringen die herrlichsten prallroten Früchte zum Vorschein. Überschreiten Sie einfach mal ganz prall Ihre Grenzen! Tun Sie etwas, von dem Sie nie geglaubt hätten, dass Sie es tun könnten. Sie werden sich in Ihrer ganzen begeisterten Faszination von den Dingen, und völlig eingetaucht in die Schönheit dieses Augenblicks wiederfinden. Mehr noch, augenblicklich werden Sie feststellen, dass es Ihnen große Freude macht.

Achten Sie auch auf Ihre hilfreichen Instinkte, die Sie im Alltag auf Erfahrungen aufmerksam machen wollen. Wie die Walderdbeeren erscheint etwas an Ihrem Wegesrand und wartet darauf, von Ihnen entdeckt zu werden. Genau das bereichert dann Ihr Leben, schlicht und einfach um Sie glücklich zu machen, während Sie das, was Sie tun, einfach gerne tun!

*Greifen Sie zu! Stecken Sie sich das Erdbeerstückchen in den Mund. Es liegt auf Ihrer Zunge, zerschmilzt langsam zu einer köstlich cremigen Süße und sorgt dafür, dass Sie sich besser fühlen als vor dem Augenblick, als es Ihre Lippen berührte. Fruchtig schmeckt dieses Praliné nach vielen frischen und getrockneten Erdbeeren, himmlisch leicht und sinnlich berührend. Sie werden sich großartig fühlen.*

# Überraschung

## RUMTRÜFFEL

Spontane Freude ist ansteckend. Natürlich, an Geburtstagen schenken wir gerne etwas. Aber machen Sie heute außer der Reihe jemandem eine Freude. Sie kaufen sich Schokolade zum Naschen fürs Büro? Bringen Sie Ihrer Kollegin auch eine kleine Schachtel mit. Kleine Überraschungen bereiten Freude, »Die sind für Sie, meine Liebe!«

Verbreiten Sie den Zauber von Schokolade und die Freundlichkeit eines offenen und anteilnehmenden Herzens. Teilen Sie Ihre Liebe zu Schokolade, stellen Sie Schokoladen für andere Menschen hin. Ein kleines Schälchen voll ist immer eine Verlockung, sich einen Moment der Auszeit aus den Verpflichtungen des Alltags zu nehmen. Beobachten Sie still dieses vorsichtige Zugreifen hin zu dieser kleinen Köstlichkeit, mit einem kleinen Seufzer, einem erleichterten Ausatmen, es baut die Brücke für ein paar Worte, man vertraut sich ein wenig an, um dann freundlich ermutigt und schokoladig gestärkt, weiterzumachen und der Tag sieht zu hundert Prozent besser aus. Schokolade zaubert ein Lächeln auch auf das düsterste Gesicht.

Vergessen Sie die Grußkarten mit dem Aufdruck »Es tut mir leid«, kaufen Sie einfach eine Schachtel feiner Rumtrüffel und alles ist vergeben und vergessen!

Braucht jemand in Ihrem Umfeld eine kleine Aufmerksamkeit? Denken Sie mal nach. Wo ist ein kleines Dankeschön von Ihnen noch nicht ausgedrückt? Oder wen möchten Sie aufmuntern, weil er oder sie gerade eine schwierige Zeit hat? Vergessen Sie auch nicht, ein wenig Anerkennung auszudrücken, wenn etwas gelungen ist. Planen Sie eine kleine Überraschung. Lassen Sie den Tag nicht vergehen, ohne für den besten Menschen der Welt etwas Besonderes zu tun. Sie wissen, es ist nicht viel. Aber es ist eine Geste, mit der Sie Ihr Herz zeigen – von Herz zu Herz. Legen Sie in diese Hand eine kleine Schachtel mit den feinsten Rumtrüffeln. Es macht nichts, wenn Sie sich dabei scheu wie ein Kind fühlen. Nur Mut! Worte werden Ihnen auf diese Weise viel leichter fallen. Oder eine Umarmung. Machen Sie Kontakt! Zeigen Sie sich!

*Die dunklen Trüffel mit Rum, das butterweiche Innere, das auf der Zunge zergeht, gut für alle Situationen von unfreiwilliger Versklavung im Alltag und deren freudiger Erlösung.*

WISSENSWERTES

Das Geheimnisvolle des Rums ist, dass er aus der Karibik stammt, wo er fester Bestandteil allen Feierns, der Festlieder und des Calypso-Tanzes ist, die auch von den Schmerzen und den Leiden erzählen, die die Herzen der Sklaven dort erlitten.

# Verändere etwas

## EARL GREY TRÜFFEL MIT PISTAZIEN

Trinken Sie eine Tasse Tee, denn Tee macht Sie wacher und bewusster. Erfunden wurde der Tee von den Buddhisten. Jahrhundertelang haben sie Tee als Hilfe beim Meditieren verwendet. Und Tee *ist* eine Hilfe. Zum Pause machen, sich nach Innen wenden und Hinschauen.

Suchen Sie die Ruhe und Stille, während Sie Tee trinken, um ein wenig die Dinge Ihres Lebens zu betrachten. Nehmen Sie Earl Grey Trüffel mit Pistazien dazu, sie sind eine besondere Köstlichkeit.

Hier eine kleine Meditation, die Sie wach machen wird: Nehmen Sie sich ein Blatt Papier zur Hand und zeichnen Sie einen Kreis. Es geht um Ihre eigene Integrität, kreisrund, wie dieser Trüffel. Schreiben Sie in den Kreis Themen ein, die Sie verändern wollen. Welchen Genuss vermeiden Sie in Ihrem Leben? Welche Freude gönnen Sie sich nicht? Gehen ihr immer wieder aus dem Weg? Der erste Gedanke, der Ihnen in den Sinn kommt, ist der richtige!

Setzen Sie nun die Namen jener Menschen innerhalb des Kreises hinzu, die Sie als unterstützend empfinden. Schreiben Sie außerhalb des Kreises die Namen derer auf, vor denen Sie sich zurzeit hüten sollten. Verwenden Sie diese Orientierungshilfe zur Unterstützung Ihres Selbstbestimmtseins. Gewinnen Sie Klarheit darüber, wann Sie »ja« und wann Sie »nein« sagen. Ein klares »NEIN« im richtigen Augenblick sollte Ihr Geschenk an Sie selbst und an andere Menschen sein. Wenn Sie sich müde oder unkonzentriert fühlen, haben Sie vielleicht zu viele negative Energien aus Ihrer Umgebung oder von anderen Menschen aufgenommen. Grenzen Sie sich von Menschen ab, deren innere Ausrichtung und Ausstrahlung für Sie nicht angenehm ist. Denken Sie auch über ein paar Veränderungen in Ihrer häuslichen Umgebung nach, die Ihnen mehr Raum geben würden. Führen Sie diese durch und kommen Sie bei sich selbst zu Hause an!

*Kommen Sie bei sich selbst an. Genießen Sie stilvoll eine köstliche Tasse schwarzen Tee, am besten mit ein wenig Milch. Gönnen Sie sich Earl Grey Trüffel in fein gehackten Pistazien gewälzt als kleinen Luxus dazu – dieser Geschmack ist rund. Frisches*

*Bergamotte-Aroma aromatisiert den duftig-zarten Darjeeling in einer cremigen Ganache – eine Klasse für sich. Entspannen Sie einfach und lassen Sie sich von der Wärme des Tees und dieser kleinen Köstlichkeit aufmuntern.*

# Verführung

## GRAND CRU SCHOKOLADE & WEIN

Kennen Sie das: auf dem Sofa schläft regelmäßig Ihr Freund/Mann ein. Geben Sie zu: es ist ein Mann mit Autorität und Durchsetzungskraft. Immer mit dem Wunsch, sich zu behaupten. Ein Mann, ehrgeizig und anspruchsvoll, der sehr diszipliniert arbeitet. Manchmal besserwisserisch und zu anderer Zeit wieder ein weiser, verständnisvoller Führer in Notzeiten.

Geben Sie nach, überwinden Sie sich. Locken Sie die männliche Natur mit diesem speziellen Erlebnis: Schokolade und Wein. Experimentieren Sie. Probieren Sie es aus. Führen Sie ihn aus der Normalität des Alltags hinein in den Genuss des Außergewöhnlichen. Das Aroma von Edelschokolade ist schon für sich allein genommen ein Hochgenuss. Kombinieren Sie es mit gutem Wein.

Wählen Sie eine reine Edelschokolade, aus Kakao der allerbesten Sorte: »100 % Criollo« – der Edelste, sehr selten, hocharomatisch, aus Madagascar. Süß genug, um selbst einen Heiligen in Versuchung zu führen. Das wird die Waffe Ihrer Wahl sein.

Nehmen Sie dazu einen fruchtigen Rotwein mit Fülle, Wärme und Kraft. Sie finden mit Sicherheit Ihre Lieblingskombination.

Planen Sie einen besonderen Abend. Öffnen Sie den Wein eine halbe Stunde bevor Sie beginnen. Machen Sie es sich zusammen auf dem Sofa bequem, zünden Sie Kerzen an und legen Sie Schokolade bereit. Probieren Sie gemeinsam zuerst den Wein allein. Nehmen Sie einen Schluck und erlauben Sie dem vielfältigen Aroma sich in Ihrem Mund auszubreiten, bevor Sie ihn genießerisch durch Ihre Kehle gleiten lassen und ihn herunterschlucken.

Kosten Sie jetzt ein Stückchen Schokolade pur. Betrachten Sie zunächst ihre dunkle Farbe, ihren feinen, seidigen Glanz, riechen Sie ihren Duft. Bringen Sie nun den Geschmack ins Spiel. Stecken Sie ihm und dann sich selbst ein Stückchen Schokolade in den Mund, wärmen es im Mund an, lassen es schmelzen, bis sich ihr volles Aroma entfaltet. Beißen Sie zu und kauen langsam einige Male, lutschen Sie es, drücken es an den Gaumen. Weich und warm entfaltet sich die Fülle der Aromen. Kakaonoten ohne eine Spur Bitterkeit, abgerundet, ausgewogen im Aroma, mit lang anhaltendendem Geschmack. Dominieren blumige, fruchtig erdige, rauchige oder nussige Eindrücke?

Entlocken Sie ihm ein paar Worte. Finden Sie heraus, wie es ihm schmeckt. Das Beste ist allerdings, dass Sie ihn auf diese Weise mühelos um den Finger wickeln können – ein Lächeln, ein Wort, und er gehört Ihnen.

Lassen Sie gemeinsam schließlich ein kleines Stückchen Schokolade im Mund anschmelzen, reichen Sie ihm dann das Glas mit dem Wein, und nehmen Sie einen Schluck Wein dazu. Er wird sofort seine Müdigkeit vergessen, aus seinen Gedanken gerissen sein und – in den starken Männer-Himmel versetzt, im sicheren Gefühl des Vollgenusses aufstöhnen! Diese beiden Geschmäcker setzen wirklich einen Akzent, der sofort alle Sinne weckt!

Füttern Sie sich gegenseitig bis Sie so richtig in Fahrt sind. Eine sanfte Berührung oder der besondere Ton einer Liebeswerbung – geben Sie einen solchen liebevollen Impuls. Testen Sie Ihre Verführungskraft: sein Lächeln wird echtes Interesse und Wertschätzung ausdrücken, und sein Blick wird Ihnen zu verstehen geben, dass

Sie der Liebe, die er Ihnen einst geschworen hat, gewiss sein dürfen.

*Sie haben keinen Partner? Dann teilen Sie diese Erfahrung doch mit einer nahen Freundin oder einem Freund, oder laden Sie einfach Ihre liebsten Freunde zusammen ein! Edelschokolade und Rotwein, jeder erliegt dieser einzigartigen Paarung, dem Zauber edler Kakao-Pflanzen und eines besonderen Weines.*

# Weißt du noch

## COGNACTRÜFFEL

Mit Schokolade verbinden sich leicht Erinnerungen. Ihr Geruch, ihr Geschmack, ihre sinnlichen Formen, all das sind sehr persönliche Angelegenheiten. Ertappen Sie sich gelegentlich dabei, dass Sie beim Schokolade essen Vergleiche anstellen mit denen, die Sie früher gegessen haben? Vielleicht breitet sich gar eine unerklärliche Sentimentalität in Ihnen aus, sobald Sie den ersten Bissen dieser köstlichen Trüffelkreation gefüllt mit Cognac-Ganache gekostet haben? Noch einen Schritt weiter, und Sie beginnen sich zurückzusehnen nach der guten alten Zeit, als alles billiger, überschaubarer, solider, usw., usw. war! Trauern Sie bitte nicht dem vergangenen Glück, dem Erfolg, dem Misserfolg oder früheren Beziehungen nach.

Hegen Sie spätestens hier bitte besondere Achtung: Nostalgische Gefühle lassen Sie stets in Ihren Erinnerungen leben. Durch eine zu verklärende Sicht auf die Vergangenheit jedoch erwarten Sie dann automatisch auch nichts mehr in der Zukunft!

Aber doch, ja, es gibt sie, die lebendige Vergangenheit, die *Schönheit der Erinnerung.* Dies ist DAS Praliné, mit dem Sie in Erinnerungen schwelgen können, der Cognactrüffel, denn der Cognac reift lange Zeit in seinen Fässern, und entwickelt so seinen reifen und ausgewogenen Geschmack. Kosten Sie wertvolle Erfahrungen, die sie gemacht haben mit diesem Trüffel auf der Zunge nochmals aus, lassen Sie Freude die Sie erlebt haben noch einmal aufleben und das Leben hochleben!

Übernehmen Sie aber ebenso die Verantwortung für Ihre Illusionen. Lassen Sie Erwartungen los, die Sie an sich selbst oder an andere gestellt haben. Können Sie der/die Erste sein, der sagt: »Es tut mir leid« oder »Ich hab dich lieb«? Sie haben jederzeit die Macht, einen Streit zu beheben und dafür zu sorgen, dass alle wieder gut miteinander auskommen.

Hüten Sie die Liebe und all die gelernten Lektionen, immer sicher in Ihrem Herzen. Es sind Schätze, die Ihnen Zeit Ihres Lebens erhalten bleiben.

*Treffen Sie eine Verabredung mit dem Menschen, der Ihnen die ganze Zeit gerade im Kopf ist und bringen Sie die Cognactrüffel mit. Genießen Sie sie gemeinsam. Lassen Sie jeden Streit hinter sich zurück und schwelgen Sie in dem, was Ihnen wertvoll und kostbar ist: «Weißt du noch, als wir damals ... ?«, »Weißt du noch, wie das war, als wir ... ?« Erinnern Sie sich an ferne und doch nahe wertvolle Momente, erhalten Sie sich die guten Erinnerungen und das, was Sie auch jetzt noch bestens miteinander teilen können.*

# *Wünsch dir was*

KOKOSKUSS

Insgeheim träumen Sie von der fernen, paradiesischen Leichtigkeit des Lebens … Inseln der Sonne, von goldenem Sand, Palmen, Wind und Meer. Es besteht also die Gefahr, dass Sie Ihre Gedanken schon mal einfach davonschweben lassen. Aber Sie wissen eben, was gut für Sie ist und treffen daher die richtigen Entscheidungen.

Sie lieben Kokos: Diese exotischen Palmenfrüchte sind steinhart, man braucht Werkzeug, um die harte Schale aufzubrechen. Das weiße Kokosmark im Inneren ist jedoch sehr nährend und sättigend. Das sind eindeutige Hinweise. Bei Ihnen geht es um etwas Inneres, das unter einer harten Schale verborgen ist, und wo man nur schwer herankommt. Vielleicht wirklich um den Genuss der fernen Dinge, die Sie gerade nicht haben können.

Was ist es denn, wovon Sie glauben, es gerade nicht haben zu können? Erlauben Sie es sich! Erfüllen Sie sich jetzt sofort diesen Wunsch! Während Sie sich dabei genüsslich dem Geschmack des ersten

Kokoskusses mit der sahnig-leichten Kokoscremefüllung hingeben, lassen Sie ein klares Bild davon in sich entstehen. Und diesem Bild, erlauben Sie, sich zu einem kleinen Film zu entwickeln. Stellen Sie sich vor, Ihr Wunsch wird Wirklichkeit. Achten Sie jetzt mit geschlossenen Augen genau auf Ihre Gefühle, während Sie weiter an Ihren Wunsch denken. Wie fühlen Sie sich – aufgeregt, begeistert, glücklich, nervös oder irgendwie anders?

Jetzt genehmigen Sie sich bitte wirklich einen zweiten Kokoskuss! Diese zarte Leichtigkeit aus Kokos und weißer Schokolade wirkt nämlich überaus inspirierend. Nun, welche Personen, Farben und Dinge sehen Sie? Was sehen Sie sich selbst tun, während Ihr Wunsch wahr wird? Was sehen Sie noch?

Lauschen Sie auf Worte, die Sie in Ihrem Inneren hören. Erlauben Sie sich wundervolle Träume und Wünsche und vertrauen Sie. Ihre innere Stimme wird Ihnen zur rechen Zeit stets genau sagen, was Sie tun müssen.

*Der Kokoskuss übermittelt den magischen Kuss der Muse. Genießen Sie zu den Kokosküssen einen kühlen Milchshake mit Vanille. Dann fliegen Sie nicht davon!*

# Lieblingsbücher zu Schokoladenkreationen – mit und ohne Rezepte

Ashton, John & Suzy, **Schokolade ist gesund**, Scherz-Verlag

Brachat, Oliver & Römer, Monika: **Lust auf Pralinen**, Hölker

Harris, Joanne: **Chocolat**, Ullstein

Harris, Joanne: **Himmlische Wunder**, Ullstein

Hoffmann, Simone: **Die Welt des Kakaos**, Umschau-Verlag

Lagorce, Stéphan: **Der Geschmack von Schokolade**, Christian

Linxe, Robert: **Chocolat**, Bassermann

**Schokolade – Die Kochschule für den Gourmet**, Ullmann-Verlag

**Schokolade – Unwiderstehliche Rezepte**, Parragon

# Die Autorin

Darsho M. Willing studierte Architektur, Kunst und künstlerische Fotografie und widmete sich dann der ganzheitlichen Arbeit mit Menschen.

Seit den 80er Jahren arbeitet sie mit psychotherapeutischen Techniken, die davon geprägt sind, Menschen auf ihren eigenen Lebensweg zurückzuführen. 1993 wurde sie Aura-Soma-Beraterin, und später -Lehrerin dieser Farbtherapie. Sie hat drei Bücher über Aura-Soma® veröffentlicht, sowie die Kartendecks »Farben der Engel« und »Farben der Naturengel«, ein Buch über Engel, wie auch eine Meditation auf CD: »Farben der Engel«.

Als Autorin, sowie als Lebensberaterin zeigt sie Ihnen, wie Sie Ihr eigenes Leben kraft- und sinnvoller gestalten, wie Sie Ihre persönlichen Fähigkeiten erkennen und sie im Beruf und im privaten Bereich nutzen können. Darsho M. Willing lebt und arbeitet als Heilpraktikerin in Köln. Gerne gibt sie Lebensberatungen, auch telefonisch.

**facebook.com/SchokoladenOrakel**
**www.darsho.de**
**info@darsho.de**

# Adressen & Schokoladenkontakte

Die folgenden Schokoladenkreationen stellten zur Verfügung:

**La Manufacture D'Anouk**
Inh. Andrea Wagner
manufacture-anouk@web.de
Alles aus BIO-Schokolade, handgefertigt:
Sahnetrüffel mit Zimt, Osterei, Chilipraliné,
Weiße Schokoladentaler mit Rosen, Schokoladenherzen

**Lekker Snoepjes**
Potsdams Feine Pralinenmanufaktur,
Handfertigung
www.lekkersnoepjes.de
Earl Grey Trüffel mit Pistazien, Moccapraliné,
Cassiskugeln, Vanilleecken, Holunderblütenmarzipan,
Erdbeerzipfel & Erdbeerstücke, Kokoskuss

**Schokoladen Walter**
Tempelhofer Damm 197
12099 Berlin
info@schokoladen-walter.de
Walnussmarzipanpraline, Ingwerstäbchen

**Atelier Cacao GmbH Berlin**
www.atelier-cacao.de
Alles aus BIO-Schokolade, Handfertigung:
Nougatbarrets, Wildkräutertart Zartbitter, Vollmilchschokoladentafel, Callets für die Tasse heiße Schokolade

**Aus eigener Herstellung der Autorin:**
Florentiner (Akzeptanz), Schokoladentorte (Einladung), Brownies (Freunde), Himbeerschmetterlinge (Gleichgewicht), Zitronentrüffel (Hingabe), Tasse heiße Schokolade (Inneres Kind), Schokoladeneis (Komm näher), Schokoladentrüffel (Ruhe), Mandelsplitter (Selber machen), Mousse au Chocolat (Sinnlichkeit), Schokoladenfondue (Süße Tabus).

# Dank

Ich danke Antje Steinriede vom Vertrieb des Ullstein-Verlags für die Idee und meinem Herausgeber Michael Görden für die Begleitung in der Umsetzung dieses Schokoladen-Orakels. Andrea Wagner mit ihrer Manufacture D'Anouk in Marburg, sowie Katharina Kraft und Nina Engel vom Atelier Cacao, Berlin, danke ich für die Unterstützung mit ihren köstlichen, handgefertigten Schokoprodukten. Ebenso Franziska Tölcke von Lekker Snoepjes in Potsdam für die sorgfältige Herstellung ihrer speziellen Schokoladenkreationen. Peter Sikora von Schokoladen Walter, Berlin, danke ich für die kooperative Art mir einige seine beliebtesten Pralinés zu Verfügung zu stellen. Mein großer Dank gilt auch allen sichtbaren und unsichtbaren Schokoladen-Helfern, die liebevoll auf alle meine Schokoladen- Sonderwünsche eingingen, und mich mit wertvollen Tipps und Hinweisen versorgten, um diese schönen Fotos der Pralinen erstellen zu können. Nicht zuletzt Dank an Daniela Graf fürs Lektorat, sowie Torge Niemann für die feinfühlige und präzise Bildbearbeitung und den Satz dieses Begleitbüchleins. Danke!